법과 권리를 위한 투쟁

루돌프 폰 예링

박홍규 옮김

Der Kampf um's Recht

Rudolf von Jhering

Der Kampf um's Recht

■ ● 문예인문클래식

법과 권리를 위한 투쟁

루돌프 폰 예링

박홍규 옮김

문예출판사

옮긴이의 말

이 책은 루돌프 폰 예링Rudolf von Jhering의《법과 권리를 위한 투쟁 Der Kampf um's Recht》1894년 11판을 옮긴 것이다. 현재 법학도이거나 전에 법학을 공부한 사람들은 이 책에 대해 들어보았을지 모르지만, 그렇지 않은 일반인들에게는 생소할 수 있다. 그러나 19세기말 독일에서 출간된 이 책은 법학 분야의 고전으로 손꼽히며, 첫 문장에서 "법과 권리의 목적은 평화이지만 그 수단은 투쟁"이라고 주장하는 바의 현대적인 의의가 여전하다. 특히 그 의미가 아직도 낯선 오늘의 한국에서 이 책이 주는 메시지가 여전히 강렬하므로 여러분에게 일독을 권하고자 한다.

흔히 우리는 인仁과 예禮를 중시하는 유교사회에서 살아온 까닭에 '법과는 거리가 멀수록 좋다'고 하며, 권리보다는 의무를 강조했다. 그래서 '법과 권리를 위한 투쟁'은 관심의 대상이 아니었다. 안타깝게도 그런 법은 지배자가 강요하는 법이었고 권리도 지배자만의 것이었기 때문에 그렇게 생각하도록 강요했던 것에 불과했다. 그러나 실제로는 소송이 많았다. 최근 민사소송 건수가 매년 400만건을 훌쩍 넘어, 세계 최고를 기록하는 데 비할 바는 아니었지만 우리 사회는 전통적으로 소송사회였고, 지금은 소송공화국이라고 할 정도로 소송이 흘러넘치고 있다.

따라서 한국인의 권리의식은 매우 강하다고 볼 수도 있지만, 그 것이 이기적이고 물질적이며 퇴영적 이익만을 추구하는 소송중독 증이나 시위중독증 따위여서는 건강한 것이라고 할 수 없다. 아무리 민주주의 시대의 법과 권리라고 해도, 만연한 소송은 찬양할 수 없고 오히려 철저히 경계해야 한다. 특히 불법적이고 부당한 권리 주장은 철저히 단죄되어야 한다. 그런 차원의 만연한 소송은 권리 감각의 발전이기는커녕 건전한 권리감각과 민주주의를 망치는 근본적인 문제점이라고 할 수 있기 때문이다.

예링도 법과 권리의 침해가 인격 멸시를 포함하는 불법적인 경우에만 투쟁해야 한다고 주장한다. 즉, 비겁함과 나약함으로 불법이나 부당한 권리침해를 감수해서는 안 된다고 역설한다. 특히 악법이나 불법, 부당한 법의 행사에 대한 저항을 강조한다. 따라서 권리를 위한 투쟁보다 악법과 불법에 대한 투쟁을 더 강조해야 한다. 악법이나 불법, 그리고 그런 법들의 부당한 행사에 대한 저항이야말로 법의 생명이기 때문이다.

이 책의 의의는 그 밖에도 많다. 가령《베니스의 상인*The Merchant of Venice*》을 둘러싼 논의에서 보듯이 재판에서 사용되는 법적 언어의 개념적 성격을 비판한 점도 중요하다. 법률과 증서에 근거해 1파운드의 살을 요구한 샤일록, 살을 베는 것은 인정하되 피를 흘려서는 안 된다고 판시한 포샤. 두 사람 모두 인간의 살을 뗀다는 계약은 무효라는 소박한 감각을 결여한 채 개념적인 법해석에 만 능한 법률가들이라는 비판이다. 그런 비판을 통해 예링은 법률 가의 개념법학을 비판하고 일상의 건전한 상식으로 돌아가라고 주 장한다. 예링의 주장은 당시로서도 매우 진보적이었을 뿐 아니라 20세기 새로운 법학의 전개에 기폭제가 되었다. 이러한 예링의 진 보적인 법사상은 21세기가 되었음에도 여전히 보수적인 개념법학 수준에 머물러 있는 한국 법학에 참신한 자극제일 수 있다.

이 책의 번역 대본으로 삼은 11판은 1892년 예링이 죽은 뒤에 나 와 현재까지 간행되며 《법과 권리를 위한 투쟁》의 내용으로 확정 된 것이다. 이 책의 우리말 번역본이 이미 몇 가지가 있음에도 다시 번역하게 된 이유는, 기존의 번역 중에 문제가 많은 부분이 적지 않 고, 특히 지금 시중에 유통 중인 책들이 그렇기 때문이다. 그런 번 역을 읽기에는 문제가 너무 많아서, 누구나 막힘없이 읽고 내용을 알기 쉽도록 새로 번역할 필요가 있다고 생각했다. 뿐만 아니라 상 세한 주석을 덧붙이고(주에서 '원주'라고 한 것은 저자 예링의 주이고, 옮긴이주에는 그런 설명을 넣지 않았다. 다만 옮긴이주를 원주 안에 부 기한 경우에는 뒤에 '옮긴이주'라고 밝혔다), 이 책과 저자인 예링에 대 한 소개도 기존의 것보다 더 정확하고 자세하게 다룰 필요가 있다 고 생각했다.

우선 기존 한국어판 제목인 '권리를 위한 투쟁'을 '법과 권리를 위한 투쟁'으로 바꾸었다. 원저의 레히트Recht가 '권리'만이 아니라 '법'을 동시에 뜻하기 때문이다. 이 점에 대해서는 뒤의 해설에서 다시 상세하게 언급하도록 하고, 여기서는 이 책의 영어 번역명이

'The Struggle for Law(법을 위한 투쟁)'라는 점만 밝혀둔다. 그러나 본문에서는 Recht가 법과 권리를 모두 뜻하는 경우도 있고 그중 하나만을 뜻하는 경우도 있어서 문맥에 따라 적절하게 바꾸어 표기할 필요가 있으므로 우리말 번역에 가장 적합하게 '법과 권리를 위한 투쟁'으로 했다.

그 밖에 기존의 번역 용어도 많이 바꾸었다. 가령 Rechtsgefühles를 종래에는 법감정이라고 번역했으나 권리감각이라고 바꾸었다. 그렇게 바꾼 예는 수없이 많아 다 언급할 수 없다. 또한 19세기의 강연에 기초한 글답게 글 전체가 하나의 제목하에 쓰이고 문단도 너무 긴 것을 읽기 쉽게 나누어 장과 절을 새로 붙였다. 6장으로 나눈 것은 이 책이 처음 시도했는데, 이는 영어 번역서의 장 구분과 같음을 나중에 알았다. 이러한 새로운 번역의 시도가 원저의 가치를 훼손하지 않고 독자들이 읽기 쉽고 알기 쉽게 도울 수 있기를 바랄 뿐이다.

2022년 4월
옮긴이 박홍규

차례

일러두기

1. 이 책은 다음 원전을 온전히 옮긴 것이다. Rudolf von Jhering, *Der Kampf um's Recht*, Elfte Auflage (Wien: Manz'sche k. u. k. Hof-Verlags-und Unuversitäts-Buchhandlung, 1894).

2. 본문의 각주는 독자들의 이해를 돕기 위한 옮긴이주이며, 원주는 각주 끝에 '원주'라고 표기했다.

모토

투쟁에서 너의 법과 권리를 찾아라

존경하는 친구

아우구스테 폰 리트로비쇼프*에게

무한한 감사와 사랑의 표시로

1872년 빈과 이별하면서 이 책을 바칩니다.

• 아우구스테 폰 리트로비쇼프Auguste von Littrow-Bischoff(1819~1890)는 저술가이
며 여성운동 지도자로, 빈대학교의 천문학 교수이며 천문대 대장인 카를 루트비히
폰 리트로Karl Ludwig von Littrow(1811~1877)의 부인이었다. 당대 최고의 교양인
이었던 그녀는 여성들이 직업을 가질 수 있도록 능력을 함양하는 것을 지지했고,
자신도 익명으로 여러 책을 출판했다. 빈에 있는 그녀의 집에서 예링과 그의 친구
인 작가 헤벨Christian Friedrich Hebbel 그리고 당대의 저명한 문인인 그릴파르처
Franz Grillparzer를 비롯해 많은 지식인과 작가가 모여 진지하게 토론을 했고 서로
두터운 정을 쌓았다.

세상을 떠난 친구를 추모하는 앞의 헌사를 쓴 날로부터 꼭 1년 뒤
에 나타난 병은 그 두 달쯤 뒤에 《법과 권리를 위한 투쟁》의 저자를
세상에서 데려갔다. 1892년 9월 17일, 루돌프 폰 예링은 사망했지
만 그가 남긴 업적의 생동하는 힘은 여전히 남아 있다. 이를 한눈에
보여주는 것은 그의 저술 대부분이 사후에도 판을 거듭해 간행되
고 있다는 사실이다. 전 세계에 그의 이름을 높이고, 무수한 독자의
편지가 입증하듯이 명예감각과 권리감각[1]을 각성시킨 역할을 한
이 소품도 그러한 사실을 잘 보여준다.

'법과 권리를 위한 투쟁'을 이 정도로 박력 있게 설명한 인물의
숭고한 자기주장에, 강인한 부족[2]의 후예인 예링이 선조로부터 받
은 특별한 성격이 인정된다는 점에는 이유가 있다. 그러나 예링 자

---

1 Rechtsgefühles를 법감정이라고 번역하는 사람들도 있다. 법감정이라는 말은 국어
사전에서도 찾기 어렵고, 그 내용에 대해서도 이해하기 어렵다. 이 책에서는 권리
감각으로 번역한다.

신은 그런 점에 대해 전혀 의식하지 않았다. 생생한 정신과 넓은 시야를 가졌던 그는, 그의 고향인 프리슬란트[3] 사람들이 북해 연안의 엄혹한 자연에 저항해 몇 세기 전부터 변함없이 꾸려온 자족적인 소규모 세계의 생활에서 크게 벗어났다. 그러나 예링은《법과 권리를 위한 투쟁》에서 스스로 의식하지 않았지만, 그가 속한 용감한 부족의 정신을 위한 웅대한 기념비를 세웠다.

괴팅겐에서
1894년 11월

박사 빅토르 에렌베르크[4]

---

2 예링은 독일 북부에 살았던 프리시족의 후예였다. 프리시족은 현대 프리지아인의 직접적인 조상에 해당되며, 현대 영국인들의 선조인 앵글로족하고도 연관성이 깊은 부족이다.

3 프리슬란트는 네덜란드와 독일의 북해 연안 지방을 말한다.

4 빅토르 에렌베르크Victor Ehrenberg(1851~1929)는 독일의 법률가로 괴팅겐대학교 등의 교수를 지냈고, 예링의 사위였다.

11판 서문[1] _ 루돌프 폰 예링

1872년 봄, 나는 빈의 법률가협회에서 강연을 했다. 같은 해 여름에는 더욱 광범한 독자들을 예상하면서 강연 내용을 대폭 보완해《법과 권리를 위한 투쟁》이라는 제목의 책으로 출판했다. 이 책을 집필하고 간행하면서 내가 염두에 둔 목적은 본래 이론적이라기보다는 윤리적이고 실천적인 것이었고, 법과 권리에 대한 학문적 인식을 심화한다기보다는 법과 권리에 궁극적인 힘을 부여하는 정신적 태도를 함양하는 것, 즉 권리감각을 대담하게 발휘해 굴복하지 않는 태도를 함양하는 것이었다.

다행히도 책이 판을 거듭해 계속 출판되었다는 점은 독자들이 새로운 것에 호기심을 느껴서가 아니라, 이 책이 주장하는 기본 견해가 옳다는 것을 많은 독자가 인정해서 호평했음을 말해준다. 다음

---

1 11판 서문은 예링이 쓴 이 책의 마지막 서문이어서 그 뒤의 판에서도 그대로 실린다. 심재우·윤재왕이 번역한 책에는 이와는 다른 서문이 실려 있는데, 그것은 이 책의 4판(1874)에 실린 것이다.

과 같이 다른 여러 나라에서 이 책이 번역된 점도 이를 증명해준다.

1874년에는 다음의 번역본들이 출간되었다.

1. G. 벤첼G. Wenzel의 헝가리어 번역(부다페스트)
2. 모스크바에서 간행되는 법학잡지에 연재된 옮긴이 미상의 러시아어 번역
3. 볼코프Wolkoff의 두 번째 러시아어 번역(모스크바)
4. M. A. 라파스M. A. Lappas의 현대 그리스어 번역(아테네)
5. G. A. 반 하멜G. A. van Hamel의 네덜란드어 번역(라이덴)
6. 부카레스트에서 간행되는 신문 〈로마눌루Romanulu〉6월 24일 자부터 실린 루마니아어 번역
7. 코스타 크리스티크Kosta Kristic의 세르비아어 번역(베오그라드)

1875년에는 다음의 번역본들이 출간되었다.

8. A. F. 메디외A. F. Meydieu의 프랑스어 번역(빈과 파리)
9. 라파엘레 마리아노Raffaele Mariano의 이탈리아어 번역(밀라노와 나폴리)
10. G. G. 그레베G. G. Graebe의 덴마크어 번역(코펜하겐)
11. 옮긴이 미상의 체코어 번역(브륀)
12. A. 마타키에비치A. Matakiewicz의 폴란드어 번역(렘베르크)
13. 잡지 〈프라보Pravo〉에 실렸다가 단행본으로 간행된 H. 힌코비크H. Hinkovic의 크로아티아어 번역(아그람)

1879년에는 다음의 번역본들이 출간되었다.

14. 이바르 아프셀리우스Ivar Afzelius의 스웨덴어 번역(웁살라)

15. 존 J. 랄로John J. Lalor의 영어 번역(시카고)[2]

1881년에는 다음의 번역본이 출간되었다.

16. 아돌포 포세다 이 비아스카Adopo Poseda y Biasca의 스페인어 번역(마드리드)

1883년에는 다음의 번역본들이 출간되었다.

17. 알폰소 데 판도 이 고메스Alfonso de Pando y Gomez의 두 번째 스페인어 번역(마드리드)

18. 필립 A. 애스워스Philip A. Asworth의 두 번째 영어 번역(런던)

1885년에는 다음의 번역본이 출간되었다.

19. 주앙 비에이카 데 아란조João Vieica de Aranjo의 포르투갈어 번역(브라질의 헤시피)

1886년에는 다음의 번역본이 출간되었다.

20. 니시 아마네西周의 일본어 번역(도쿄)

---

2 이는 지금 인터넷에서 구할 수 있는데, 원저작 5판을 영어로 번역한 판본의 2판으로 1915년에 간행되었다. 여기에는 당시 노스웨스턴대학교의 교수였던 앨버트 코크럭Albert Kocourek의 서문이 붙어 있다.

1890년에는 다음의 번역본이 출간되었다.

21. 옥타브 드 퓰레네르Octave de Meulenaere의 두 번째 프랑스어 번
    역(파리)

이 책보다 앞서 나온 판의 첫 부분³은 새 판에서 삭제했다. 여기
에 주어진 좁은 지면⁴에 내가 말하고자 생각한 것을 알기 쉽게 설
명하기가 불가능했기 때문이다.⁵ 이 책을 법률을 잘 모르는 일반인
도 널리 읽는다는 점을 고려하면, 특히 로마법⁶과 현대 로마법 이
론을 다룬 마지막 부분처럼 일반인보다 법률가를 대상으로 해서
쓴 부분은 모두 삭제하는 편이 좋았을지도 모른다. 이 책의 인기가
이 정도로 높을 줄 예상할 수 있었더라면 나는 처음부터 다른 형태

3 　그 내용은 권리와 법은 실천적 개념, 즉 목적 개념인데, 목적 개념에는 목적과 수단
　　의 대립이 포함되어 있어서 이중적인 형태를 갖고, 따라서 법과 권리에도 목적(평
　　화)과 수단(투쟁)이라는 두 가지 요소가 내재해 있다는 설명이다. 이 부분의 번역
　　은 다음을 참조하라. 루돌프 폰 예링, 심재우·윤재왕 옮김,《권리를 위한 투쟁/법
　　감정의 형성에 관해》, 새물결, 2016, 30~31쪽.

4 　1쪽도 안 된다.

5 　이 부분에 대한 윤철홍의 번역(루돌프 폰 예링, 윤철홍 옮김,《권리를 위한 투쟁》,
　　책세상, 2007, 19쪽. 이하 이 책은 '윤철홍'으로 인용함)은 나의 번역과 다르다. "나
　　중에 출간된 책에서는 이 발단 부분은 생략했다. 이 책처럼 지면이 협소한 경우에
　　는 온전히 이해하기 어려운 사상을 기술했기 때문이다."

6 　고대 로마에서 시행하던 로마법은 로마 시민에게만 적용되는 '시민법'에서 출발
　　해, 영토의 확장과 더불어 '만민법'으로 발전했다. 공개성과 상호 쌍무성 그리고 개
　　인의 의사와 지위 중시 등을 원칙으로 하며, 6세기경에는 '유스티니아누스 법전'으
　　로 집대성되었다. 사법私法의 근대적 합리성이 로마법의 특색이자 생명이었다. 로
　　마법은 중세에 이탈리아에서 부활해 주석학파를 탄생시키고, 프랑스와 독일에 계
　　승되어 영국을 제외한 근대 서유럽 여러 나라 법의 공통된 법원法源이 되었다.

로 썼을 것이다. 그러나 실제로 이 책은 법률가를 상대로 한 강연에 근거한 것이고, 그런 본래 성격에 따라 법률가를 독자로 예정한 것이었다. 그렇다고 해도 더 폭넓은 독자를 얻는 데 방해되지 않으므로 이 점을 바꾸려고 하지는 않는다.

　내용 자체는 새 판에서도 전혀 변하지 않았다. 이 책의 기본적인 생각은 지금도 전적으로 옳고, 반론의 여지가 없다고 생각하기 때문에 나는 이에 대한 모든 부정적 언사를 무시할 수 있다고 생각한다. 자신의 권리가 분명히 경시되고 유린된다면 그 권리의 목적물이 침해되는 것에 그치지 않고 자신의 인격까지 위협받는다는 것을 모르는 사람, 그런 상황에서 자기를 주장하고 자신의 정당한 권리를 주장하는 욕구를 느끼지 못하는 사람을 도울 수 있는 방법은 없다. 그런 사람들은 정신을 개조할 필요가 있지만, 그렇게까지 할 수도 없다. 그런 유형의 사람들(나는 그들을 법실리주의자라고 부르고 싶다)이 있다는 사실을 아는 것으로 충분하다. 그들의 특징은 일상적으로 작동하는 이기주의와 물질주의다. 그들은 권리를 주장하면서 애지중지해 지키는 배낭 속 내용물 이외의 더 차원 높은 이익을 실현하고자 하는 사람 모두를 돈키호테로 본다. 따라서 스스로 법 세계의 속물인 산초 판사가 될 수밖에 없다.

　이러한 무리에 적합한 유일한 말은 이 책의 간행 뒤에 알게 된 다음과 같은 칸트의 말이다. "자신을 벌레로 만드는 사람은 나중에 그가 짓밟힌다고 불평할 수가 없다."[7] 칸트는 그 책의 다른 곳[8]에서 "자신의 권리를 타인의 발밑에 던지는 것은 **자신에 대한 인간의 의무에 위반하는 것**"이라고 했다. 그리고 "우리 자신 속에 있는 인간의 존엄에 관련된 의무"에서 칸트는 "너의 권리를 짓밟은 타인이 처벌을 면해 활보하게 하지 말라"라는 격률을 이끌어낸다.

이는 바로 내가 이 책에서 상세하게 설명한 생각과 같은 것이다. 이러한 생각은 강인한 모든 개인이나 국민의 마음속에 깊이 새겨져 있고, 수천 번이나 말해진 것이다. 내 공적이라고 할 수 있는 것은 이 생각을 체계적으로 확립하고, 더욱 치밀하게 논의한 것뿐이다.

이 책의 주제에 관한 흥미 깊은 기여 중에는 아돌프 슈미들 박사의《유대교 및 원시기독교와 관련된 법과 권리를 위한 투쟁의 이론》[9]이 있다. 해당 저작 15쪽에 인용된 유대 율법가들의 잠언, 즉 "권리의 목적물이 1페니이든 1굴덴[10]이든 똑같이 생각하라"는 잠언은 이 책에서 내가 전개한 생각과 완전히 일치한다. 또 카를 에밀 프란조스는 자신의 소설《어떤 '법과 권리를 위한 투쟁'》[11]에서 내 책의 주제를 문학적으로 다루고 있다(나도 해당 소설을 이 책에서 다루었다). 그 밖에 이 책에 관한 국내외의 논평은 너무 많아 일일이 들 수 없다.

---

7   이마누엘 칸트Immanuel Kant,《덕이론의 형이상학적 기초 원리*Methaphysische Anfangsgründe der Tugendlehre*》, 2판(Kreuznach, 1800), 133쪽(원주). 한국어 번역은 백종현 옮김,《윤리형이상학》, 아카넷, 2012, 539쪽.

8   같은 책, 185쪽(원주).

9   Adolf Schmiedl, *Die Lehre vom Kampf um das Recht im Verhältniss zu dem Judenthum and dem älstern Christenthum*(Wien, 1875)(원주).

10   페니히는 독일에서 1마르크의 100분의 1에 해당하는 화폐단위이고, 굴덴은 네덜란드의 화폐단위로 영어로는 '길더'라고 한다.

11   Karl Emil Franzos, *Ein 'Kampf ums Recht'*(1892~1894)(원주).

이 책에서 주장하는 생각이 옳다는 것을 독자들에게 납득시키는 일은 이 책 자체에 맡겨두고, 여기서는 나에게 반론하고 싶어 하는 사람들에게 두 가지를 바라고자 한다. 첫째, 내 생각을 미리 왜곡하고 마치 내가 싸움이나 항쟁을 권하며 소송하기나 논쟁하기를 즐기는 것처럼 곡해해 반론하지 말기 바란다. 나는 어떤 다툼에서나 권리를 위한 투쟁을 하라고 요청하는 것이 아니라, 권리에 대한 공격이 인격의 멸시를 포함하는 경우에만 투쟁하라고 요구한다. 양보와 용서, 관용과 온유, 화해와 권리주장의 단념 같은 것에 대해서도 나는 충분히 그 의의를 인정한다. 내가 비판하는 것은 비겁과 안락과 태만으로 불법을 감수하는 태도뿐이다.

둘째, 내 이론을 진지하게 이해하고자 하는 사람에게 바라는 것은 내 이론에서 나오는 실천 행동에 관한 적극적 지침과 다른 **적극적 지침**을 생각해보라는 점이다. 그렇게 한다면 어떤 결과에 이르게 될지 바로 알 수 있을 것이다. 자신의 권리가 유린될 때 권리자는 무엇을 해야 하는가? 이 물음에 대해 나의 답과 다른 어떤 답, 즉 법질서의 존속 및 인격 이념과 모순되지 않는 답을 할 수 있는 사람은 내 이론을 논파한 것이 된다. 그렇게 할 수 없는 사람은 내 생각을 믿어주든지, 아니면 머리 나쁜 무리처럼 언제나 불만과 부정의 언사를 행하며 자신의 생각을 적극적으로 세우지 않는 어중간한 태도에 머물든지 어느 쪽 하나를 선택해야 한다.

순수하게 학문적인 문제의 경우에는, 비록 적극적으로 새로운 진리를 보여주지 않는다고 해도, 종래의 오류를 지적하는 것만으로도 의미가 있을지 모른다. 그러나 어떻든 행동**해야 한다**는 것은 명백하고, 오로지 **어떻게** 행동해야 할 것인가를 생각해야 하는 실천적 문제의 경우, 타인이 제기한 적극적 설명이 잘못되었다고 거부하는 것만으로는 충분하지 못하며, 이를 대신하는 다른 적극적 지시를 할 필요가 있다. 나는 나의 설명을 대신하는 설명이 나오기를 기다리고 있지만 지금까지는 어떤 조짐도 없다.

마지막으로 나의 이론 자체와는 아무런 관계도 없는 하나의 부수적인 논점에 대해 잠시 서술하고자 한다. 다른 점에서는 나와 같은 의견인 사람들도 이 점에 대해서는 이의를 제기하기 때문이다. 샤일록에게 가해진 불법에 대한 내 주장이 바로 그 논점이다.[12]

---

12 뒤의 본문에 나오는 예링의 주장을 미리 살펴보면 다음과 같다. 샤일록이 안토니오에게 자신의 돈을 갚지 않으면 안토니오의 살을 베겠다고 한 것은 사회질서에 반하는 것으로, 즉 우리 민법의 경우 이를 무효로 보는 103조에 해당되어 무효라고 보아야 한다는 것이다. 그럼에도 재판관인 포샤는 그렇게 하지 않고서 일단 샤일록의 권리와 그 증서의 효력을 인정한 뒤, 1파운드의 살을 떼어내되 피를 흘리게 하면 안 된다고 판결했는데, 이는 '한심한 논거로 놀라운 궤변'에 불과하다는 것이다. 이에 대해 콜러가 반박하는 점은 샤일록의 권리에 대한 견해는 현대법의 관점일 뿐, 《베니스의 상인》의 무대가 된 16세기 말에는 적용될 수 없다는 것이다. 즉 셰익스피어의 시대에는 사회질서에 반한다고 해서 무효라고 보지 않았고, 그래서 포샤가 궤변 같은 이유를 부여함으로써 사회질서에 반하는 법의 적용을 회피할 수밖에 없었다는 것이다. 이러한 주장의 차이는 역사에 대한 관점의 기본적인 문제를 보여준다. 어떤 시대의 문제는 그 시대의 가치판단에 따라 보아야 한다는 원론적 입장에서 보면 역사적 배경을 무시한 예링의 주장보다, 역사적 배경을 중시한 콜러의 주장이 더욱 타당하다고 볼 수도 있다. 이 점에 주의하면서 독자들은 이 책을 읽을 필요가 있다. 이 문제는 이 책에서 예링이 주장하는 논지와 직접적인 관련은 없으므로 크게 신경 쓰지 않아도 무방하다고 보는 견해도 있으나, 나는 그렇게 생각하지 않는다. 도리어 예링이 개념법학을 비판하기 위해 중요한 사례로 설명한 점에서 매우 중요한 의의를 갖는다. 이에 대해서는 이 책의 끝에 있는 '옮긴이 해설'을 참고하라.

나는 재판관이 샤일록의 증거 서류를 인정해야 했다고 주장하지 않는다. 내가 말하고자 한 것은 재판관이 증거 서류의 유효성을 일단 인정했다면, **그 뒤에** 판결을 집행할 때 더러운 모략으로 이를 뒤집는 것은 허용될 수 없다는 것이다. 재판관은 그 증서를 유효하다고 인정할 수도 있고 무효라고 인정할 수도 있으나, 그는 증서가 유효하다고 인정하는 입장을 택했다. 셰익스피어는 이러한 판단만이 법적으로 맞는 것처럼 사태를 묘사했다. 베니스에는 그 증서의 유효성을 의심하는 사람이 없었다. 안토니오의 친구들도, 안토니오 자신도, 총독도, 법원도 모두 이 유대인을 합법적인 권리의 소유자로 인정했다. 샤일록은 누구나 인정하는 자신의 권리를 확실한 것으로 믿고 법원에 도움을 구했고, "현명한 다니엘 님"[13]은 — 복수를 갈망하는 이 채권자의 권리를 포기하도록 시도했으나 실패한 뒤에 — 그 권리를 인정했다.[14]

그리고 판결이 선고되자 이 유대인의 권리에 대한 모든 의문이

---

13   재판관으로 변장한 포샤를 말한다.
14   《베니스의 상인》(원주)
       3막 3장
       안토니오: 공작께서 **법의 활동**을 막을 수는 없다네.

       4막 1장
       공작: 자네 일은 안 됐네……
       안토니오: 그 어떤 **법적 수단**에 의해서도
                그의 증오를 벗어날 수 없으므로……
       포샤: 베니스의 법률은 그쪽을 어렵게 할 수 없소.
       (위의 번역은 셰익스피어 지음, 최종철 옮김,《베니스의 상인》, 민음사, 2014를 따름)

재판관 자신에 의해 제거되고, 이 권리에 대한 어떤 이의도 제기할 수 없게 되며, 총독을 포함한 출석자 전원이 판결의 절대적인 힘에 복종한 뒤에, 승소자가 자신의 것을 내 것이라고 믿어 판결이 인정한 권리를 실행하고자 한 그 순간, 바로 조금 전에 그의 권리를 엄숙하게 인정한 바로 그 재판관이 진지하게 반론할 필요도 없을 정도로 너무나도 조잡한 모략이라고 말할 수밖에 없는 반증을 제기해 그 권리를 뒤집는 것이다.

도대체 피가 흐르지 않는 살이라고 하는 것을 생각할 수 있을까? 안토니오의 몸에서 1파운드의 살을 베어낼 권리를 샤일록에게 인정한 재판관은 그것에 따라 살에 붙은 피도 샤일록에게 준 것이다. 그리고 1파운드를 벨 권리를 갖는 사람은, 만일 그가 원한다면 1파운드보다 적은 양을 벨 수도 있는 법이다.

그러나 그 어느 것이나 이 유대인에게는 허용되지 않았다. 그는 피가 나지 않고 살만을 1파운드보다 많거나 적지도 않게 베도록 명령을 받았다. 내가 이 유대인이 권리를 사기당했다고 말한다면 지나친 것인가? 물론 이는 인간성의 관점에서 행해진 것이다. 그러나 인간성의 관점에서 행해진 불법은 불법이 아닌가? 설령 신성한 목적이 수단을 정당화한다고 해도 왜 이를 판결 속에서 행하지 않고 판결을 내린 뒤에 행하는 것인가?

위에서 말한 것은 본문에서 밝힌 내 견해이기도 하지만, 이에 대해서는 이미 초판 간행 직후부터 여러 가지 이의가 제기되었다. 특히 1880년의 6판 이후에는 법률가 두 사람이 각각 짧은 책에서 반론을 제기했다. 첫 번째는 지방법원장인 아우구스트 피처의 《법률가와 작가— 예링의 '법과 권리를 위한 투쟁'과 셰익스피어의 '베니스의 상인'에 대한 시론》[15]이다. 이 책 저자가 밝히는 그 견해의 요점은 다음과 같다. "더욱 거대한 모략으로 모략에 승리하는 이야기, 악당은 자신이 만든 꾀에 넘어간다." 이 문장의 전반은 내 견해를 반복한 것에 불과하다. 샤일록은 자신의 권리를 사기당했다고 하는 것이 내 주장이기 때문이다.

그러나 법이라고 하는 것을 그러한 사기적 수단으로 지키는 것이 허용되어야 하는가? 그런 수단으로라도 지켜져야 하는 것이라고 말할 수 있을까? 이 물음에 대해 위 책의 저자는 답하지 않지만, 나는 재판관 입장에서 그런 사기적 수단을 사용할 리 없다고 생각한다.

앞 인용문의 후반에 대해서는 다음과 같이 묻고 싶다. 베니스의 법이 그러한 증서를 유효하다고 인정한 이상, 그 증서를 방패로 삼은 유대인을 악당이라고 부를 수는 없는 것이 아닌가? 덫에 걸렸다고 해도 덫에 건 것이 유대인인가, 아니면 법인가? 피처의 공허한

따라서 증서를 완전히 유효하다고 인정하는 법, 즉 모든 이가 일반적 법명제가 의문의 여지가 없는 것으로 승인하고 있을 뿐 아니라, 판결, 즉 구체적 법적용이 이미 선고되어 있으며, 이어— 법률가풍으로 말하면 집행심의 단계에서— 이것은 재판관 자신의 더러운 모략으로 뒤집어진다. 완전히 같은 방식으로 재판관은 채무자에게 변제를 명하는 판결을 내리고, 집행심의 단계에서는 채권자에게 그 돈을 맨손으로 용광로에서 꺼내라고 명할 수도 있다. 채무자가 기와장이였다면 첨탑 꼭대기에서, 잠수부라면 해저에서 변제를 받도록 채권자에게 명할 수 있다. 차용증에는 지불 장소가 기재되어 있지 않다고 하는 이유에서!

15 August Pietscher, *Jurist und Dichter, Versuch einer Studie über Jhering's Kampf um das Recht und Shakespeare's Kaufmann von Venedig*, Dessau, 1881(원주).

논의는 내 주장을 반박하기는커녕 오히려 힘을 잃을 뿐이다.

두 번째는 다른 논법을 사용하는 것으로, 뷔르츠부르크대학교의 요제프 콜러[16] 교수의 《법학의 법정에 선 셰익스피어》[17]가 있다. 콜러에 따르면 《베니스의 상인》의 법정 장면은 "법의 가장 심오한 본질과 생성의 핵심"을 포함하고, "열 권의 판데크텐[18] 교과서보다 심오한 법학을 포함하는 것으로, 사비니[19]부터 예링에 이르는 여러 법제사적 연구보다도 훨씬 더, 법의 역사에 대한 통찰을 심오하게

---

16 요제프 콜러Joseph Kohler(1849~1919)는 독일의 법률가로, 비교법사학을 개척했다. 또한 시인으로 많은 시집을 남겼다.

17 Joseph Kohler, *Shakespeare von dem Forum Jurisprudenz*, Bürzburg, 1883(원주).

18 판데크텐Pandekten은 《로마법대전*Corpus Juris Civilis*》의 《학설휘찬*Digest* 또는 *Pandectae*》을 말한다. 고대 로마제국은 고전 시대(27~284)에 로마법이 가장 발달했다. 당시에는 학설법으로 통치했으며, 형법보다는 주로 민법이 발달했다. 저명한 법학자가 구체적인 사례에 구체적인 해답을 하는 식으로 학설법이 만들어졌고, 오늘날처럼 법률이 개념화, 추상화, 일반화되지는 않았다. 동로마 황제 유스티니아누스Justinianus 1세(483~565)의 명령으로 작성된 《로마법대전》은 529년에 공포되었다. 그것은 2,000여 권의 법률 서적을 50권으로 요약한 것이었다. 고전 시대 로마법의 핵심은 학설법이었으므로 학설법 백과사전인 《학설휘찬》의 편찬이 《로마법대전》 편찬 사업의 핵심이었다. 현재 전 세계가 고대 로마제국의 로마법으로 통일되어 있다고 하는 표현은, 《로마법대전》의 핵심인 《학설휘찬》이 전 세계 국가의 법률에 큰 영향을 끼치고 있다는 의미이기도 하다.

19 프리드리히 카를 폰 사비니Friedrich Karl von Savigny(1779~1861)는 19세기 중엽 독일의 대표적인 법학자로, 특히 로마법의 대가였다. 본문에서 예링이 말하듯이 그는 역사주의의 입장에서 법의 자연적 생성을 주장했고, 나아가 로마법을 소재로 해 근대경제사회의 필요에 응해 근대사법의 체계를 수립했다. 그는 법은 언어와 마찬가지로 민족정신으로부터 자연발생적으로 서서히 생겨나고 소멸하는 것으로서, 개개인의 자의가 아닌 공동체 속 공동의 규범의식Gemeinschaftliches Bewusstsein에 기반을 두고 있으며, 따라서 입법자의 자의로 인위적으로 급속하게 변경되거나 폐지되어서는 안 된다고 생각했다. 그리하여 법의 역사적 고찰과 연구, 특히 로마법의

수립했다"[20]. 법학에 대한 셰익스피어의 이러한 엄청난 공헌을 분명하게 밝힌 공훈이, 지금까지 모든 법학에서 소위 미지의 대륙이었던 법의 새로운 세계의 최초 발견자임을 자임하는 이 콜럼버스[21]의 것이라고 말할 수 있다면 다행일 것이다. 그 경우, 토지소유자와의 사이에서 얻은 것을 반분하는 매장물 발견의 룰에 따라 발견된 재화의 절반이 콜러에게 부여될 것이다. 콜러는 이 재화의 가치를 측정할 수 없을 정도로 거대하다고 평가하기 때문에 그 절반을 포상금으로 받는 것만으로도 만족할 것이다.

나로서는 "셰익스피어가 이 작품에 쏟은 풍부한 법적 이념"[22]이라는 것을 독자 스스로가 이 작품 자체로부터 배우도록 원할 수밖에 없다. 그러나 나는 법학도에게 포샤 선생으로부터 법의 새로운 복음을 듣도록 권하고 싶지는 않다. 그렇다고 해도 콜러에 따르면 포샤는 최고라고 한다! 포샤의 재판은 "지금까지의 법 상태를 전복한 암흑의 밤에 대한 명증한 법의식의 승리다. 그것은 궤변적인 이유를 부여해 정당화된 승리, 긴박한 필요 때문에 틀린 이유를 부여해 이루어진 승리임에는 틀림없지만 승리라는 점에는 변함이 없고, 게다가 위대한 승리라고 말하지 않을 수 없다. 그것은 하나의 소송에서 이루어진 승리에 그치지 않고, 법제사에서 역사적 의의

역사적, 체계적, 발전사적 연구에 열중하고, 그것을 통해 민법학·국제사법학에 공헌했다.

20 Kohler, *Shakespeare von dem Forum Jurisprudenz*, Bürzburg, 1883, 6쪽(원주).
21 콜러를 말한다.
22 Kohler, 같은 책, 92쪽(원주).

를 갖는 승리고, 진보의 태양이다. 이 태양이 다시금 그 따뜻한 빛을 법정에 던져, 밤의 힘을 파괴하는 자라스트로의 나라가 개가를 올리는 것이다"[23].

이 책의 저자 콜러는 이처럼 포샤의 자라스트로의 이름으로 그가 말하는 새로운 법학의 출발을 축하하지만, 여기에는 그 두 사람 외에 또 한 사람인 베니스의 총독도 더해야 할 것이다. 그때까지는 아직 '종래의 법학'에 구속되어, '밤의 힘'에 사로잡혀 있던 총독은 포샤가 내린 구원의 말로 해방되고, '세계사적인 사명'이라는 것에 눈을 떠서 스스로 이를 담당하게 된 것이다. 그는 다음과 같은 행동을 취함으로써 과거의 태만을 완전히 묻어버렸다.

첫째, 샤일록의 살인미수를 유죄라고 선고했다. "이러한 유죄 선고에 옳지 않은 점이 있다고 해도 세계사적으로 본다면 그러한 부정 행동을 일부러 하는 것에는 충분한 이유가 있다. 그것은 하나의 세계사적 필연이다. 바로 이 건을 수용함으로써 법제사학자 셰익스피어는 비범한 존재가 되었다. 샤일록의 청구를 기각할 뿐 아니라, 그에게 형벌을 부과하는 것이 승리를 장식하기 위해 필요했던 것이다. 이 승리를 통해 새로운 법이념이 당당하게 등장했기 때문이다."[24]

둘째, 이 유대인에게 기독교로의 개종을 명했다. "이러한 요구도

---

23 여기서 '밤'이나 '자라스트로'는 모차르트의 오페라 〈마술피리〉에 나오는 것이다. 자라스트로는 여주인공 파미나를 납치한 성직자이나 사실은 파미나를 보호하는 조력자로, 밤의 여왕이 다스리는 거짓의 세계를 이성의 빛으로 밝히려고 한다.
24 Kohler, 앞의 책, 95쪽(원주).

하나의 보편사적 진실을 내재하고 있다. 그 요구는 우리의 감각에서 본다면 비난할 만하고, 신앙의 자유에 반하는 것이지만, 세계사의 진전과는 합치한다. 세계사에서는 수천 명의 사람이 개종을 설득하는 온건한 말이 아닌, 사형집행인의 눈짓에 따라 지금까지와는 전혀 다른 종파에 들어가게 되었기 때문이다."[25]

'진보의 태양이 법정에 던진 따뜻한 빛'이란 실제로는 이런 것이었다. 유대인과 이단자는 '진보의 태양의 따뜻한 빛'이라는 것을 토르케마다[26]의 화형 불을 통해 알았던 것이다! 이렇게 해서 자라스트로의 나라는 밤의 힘과 싸워 승리하게 된다. 현명한 다니엘 님으로서 종래의 법을 뒤집는 포샤가 있고, 그 꼬리에 붙는 총독이 있으며, 나아가 '심오한 법학과 법의 본질 및 생성의 핵심'을 민감하게 느끼고 '세계사적'이라고 하는 상투적인 말로 그의 재판을 정당화하는 법률가[27]가 있다. 이제 모든 세계가 만들어지고 있다!

콜러가 나를 초대해준 '법학의 법정'이란 이런 곳이다. 따라서 내가 그의 초대를 받지 않아도 참을 수밖에 없다. 나는 아직 '판데크텐 법학'에 근거한 낡은 법학에 물들어 있어서 그가 보여준 법학의 새로운 시대를 함께 담당하기가 힘들다. 나는 또한 법제사 분야가 상당히 잘못되었다고 말해도, 지금까지 걸어온 길을 옳다고 믿고

---

25 같은 책, 96쪽(원주).

26 토르케마다Thomas de Torquemada(1420~1498)는 도미니코 수도회 수사로, 15세기 스페인의 조대 이단심문소의 소상으로 18년간 근무하면서 8,000명 이상을 죽여 악명을 떨쳤고, 유대인을 스페인에서 추방하는 데 노력했다.

27 콜러를 말한다.

나아가고 싶다. 만일 내가 콜러와 같은 형안을 자랑할 수 있었다면, 실정법의 모든 법원, 사비니로부터 지금에 이르는 19세기의 모든 법제사 연구보다도 《베니스의 상인》을 통해 법의 생성에 관한 심오한 통찰을 얻을 수 있을 것이지만 말이다.

시카고에서 간행된 내 책의 영어 번역본에 대한 비평이 미국의 〈올버니로저널Albany Law Journal〉 1879년 12월 27일호에 실렸다. 그 비평에 따르면, 내가 이 책에서 포샤의 판결에 대해 보인 것과 같은 견해가 그 잡지의 이전 호에 이미 발표되었다는 것이다. 비평가는 내가 그것을 슬쩍했다(그는 '훔쳤다'——그다지 예의를 갖추었다고 할 수 없다—— 는 말을 사용한다)고 해석하는 것 외에 그러한 합치를 설명할 방법을 알 수 없다고 했다. 나는 이 흥미로운 발견을 독일 독자들에게 바로 알려야 한다고 생각했다. 이는 표절의 역사에서 도저히 생각도 할 수 없는 사례다. 이 책을 쓸 당시 나는 그 잡지를 본 적도 없고, 그 존재조차 몰랐기 때문이다. 내 책을 내가 쓰지 않고 미국에서 간행된 영어 번역본이 독일어로 번역된 것이라고 하는 것이 사리에 더 맞을지도 모른다. 내가 〈올버니로저널〉 편집자에게 항의하자 그는 그 뒤 1880년 2월 28일의 9호에서 그 모든 것이 농담이었다고 밝혔다. 바다 건너에서는 묘한 농담을 재미있다고 하는 것이다.

이상은 앞의 여러 판에서도 이미 사용한 서문의 내용이지만, 여기에 내가 초판을 낼 때 헌사를 바친 여성에 대한 추억의 말을 더하고 싶다. 1889년 9판이 간행된 후, 내가 자랑스럽게 친구라고 부를 수 있었던 한 여성을 죽음이 빼앗아갔다. 그녀는 내가 살면서 만난 지극히 뛰어난 여성 중 한 사람이었다. 재기가 넘치고 교양과 박식이 탁월했을 뿐 아니라 마음과 감성도 아름다운 사람이었다. 1868년 빈대학교의 초빙에 응한 계기로 그녀를 알게 된 것은 나에게 커다란 행운이었다.

그녀의 이름이 새겨진 이 책이 세상에 받아들여지는 동안, 내 이름과 함께 그녀의 이름도 세상에 알려지기를 빈다. 그녀가 친한 벗이었던, 작가 그릴 파르처[28]에 대해 쓴 훌륭한 수기[29]는 문학사에 그녀의 이름을 남기는 데 조금의 부족함도 없을 것이다.

괴팅겐에서

1891년 7월 1일

박사 루돌프 폰 예링

---

28 프란츠 그릴파르처Franz Grillparzer(1791~1872)는 괴테, 실러의 고전주의에 영향을 받은 오스트리아 최초의 고전적인 극작가로서 19세기 초엽의 낭만주의 연극으로부터도 많은 영향을 받았다.

29 Auguste von Littrow, *Aus dem persönlichen Verkehren mit Franz Grillparzer*. Rosner Verlag, Wien, 1873(원주).

법의 기원은 투쟁

법과 권리의 목적은 평화이고, 평화에 이르는 수단은 투쟁이다. 법과 권리가 불법적인 침해를 예상해 이에 대항해야 하는 한— 세계가 멸망할 때까지 그 필요는 없어지지 않는다— 법과 권리는 이러한 투쟁을 피할 수 없다. 법과 권리의 생명은 투쟁이다. 한 국민의 투쟁, 국가권력의 투쟁, 여러 계급의 투쟁, 여러 개인의 투쟁이다.

이 세상의 모든 법은 투쟁으로 생겨났다. 모든 중요한 법명제[1]는 무엇보다도 그것을 거부하는 자들에 맞서 투쟁함으로써 쟁취되어야 했다. 그리고 모든 법적 권리는 그것이 국민의 것이든 개인의 것

---

1   법명제法命題는 Rechtssatz를 번역한 말이다. 이를 '법규'라고 번역하는 사람들도 있지만, 엄밀히 말해 그 뜻이 다르다. 법규란 법률과 규정을 합한 것을 말한다. 한편 법명제란 법에 대한 논리적 판단의 내용과 주장을 언어나 기호로 표현한 것을 말한다. 이를 영어 번역본에서는 principles of law, 즉 '법원리'라고 번역한다. 법원리라고 번역해도 무방하지만 법명제가 더 적합하다고 생각한다.

이든 간에, 언제나 그것을 주장하고 수호할 준비가 되어 있다는 것을 전제로 한다. 법은 단순한 이론이 아니라, 살아 있는 힘이다.

그러므로 정의의 여신은 한 손에 법[2]을 가늠하는 저울을 들고, 다른 한 손에 법을 실행하기 위한 칼을 쥐고 있다. 저울이 없는 칼은 발가벗은 폭력에 불과하고, 칼이 없는 저울은 무기력할 뿐이다. 저울과 칼은 표리일체다. 법의 완전한 상태란, 정의의 여신이 칼을 사용하는 힘과 저울을 다루는 재주가 균형을 이루는 경우에만 나타난다.

법은 끊임없는 행동[3]이다. 그것은 단지 국가권력의 행동만이 아니라 모든 국민의 행동이다. 법의 모든 생애를 개관해보면, 경제적이고 정신적인 생산 분야에 종사하는 모든 국민의 활동이 보여주는 것과 마찬가지로, 끊임없는 투쟁과 행동의 모습을 볼 수 있다. 자신의 법적 권리를 관철해야 하는 입장에 놓인 개인은 누구나, 이러한 전 국민적 행동에 참여하고, 나아가 법의 이념을 지상에 실현하기 위해 각각 기여를 하게 된다.

물론 그것은 모든 사람에게 똑같은 수준으로 요구되는 것은 아니다. 수많은 개인의 생활은, 미리 부설된 법의 궤도 위를 무사 평온하게 나아간다. 그들에게 "법은 투쟁이다"라고 말해도 그들은 이해하지 못한다. 왜냐하면 그들에게 법은 평화와 질서의 상태일 뿐

---

2   이를 '권리'라고 번역하는 사람도 있다.
3   이를 '노동'이라고 번역하는 사람도 있다. 그러나 노동이란 몸을 움직여서 일을 함을 뜻한다.

이기 때문이다. 그것은 자신의 경험에 비추어볼 때 전적으로 옳다. 이는 마치 아무런 수고 없이 타인의 노동 결실을 받은 부유한 상속인이 "재산은 노동이다"라는 말을 부정하는 것과 같다. 이 양자의 착각은 재산과 법에 내재하는 두 가지 측면이 자의적으로 분리되어, 어떤 이는 향유와 평화의 면만을, 다른 이는 노동과 투쟁의 면만을 생각한다는 사실에서 비롯된다.

법과 같이 재산도 양면의 얼굴을 가진 야누스[4] 머리와 같다. 어떤 이에게는 하나의 면만을, 다른 이에게는 다른 면만을 보여주므로 양쪽이 받아들이는 것은 완전히 다르게 된다. 법에 관련한 이러한 사정은 개인의 삶만이 아니라 모든 시대의 법에도 그대로 적용된다. 어떤 시대의 삶은 전쟁이고, 다른 시대의 삶은 평화다. 그리고 국민의 차원에서도 양자에 대한 주관적 분리의 차이에 따라 개인의 경우와 같은 착각에 빠진다. 최초의 포성이 아름다운 꿈을 깨뜨릴 때까지, 오랜 평화의 시대 그리고 영원한 평화에 대한 믿음이 찬란하게 피어 있다. 노고 없이 평화를 누린 세대를 대신한 다른 세대가 나타나 전쟁이라는 고역으로 다시 평화의 세대를 찾아야 한다.

재산의 경우도, 법의 경우도 노동과 향유는 이렇게 나뉘어 있는 것으로, 향유를 누리며 평화로운 생활을 보내는 사람을 위해 다른 사람들은 노동을 하고 투쟁을 해야 한다. 투쟁을 수반하지 않는 평화, 노동을 수반하지 않는 향유는 단지 인간이 낙원에서 추방당하

---

4   야누스는 로마신화에 나오는 두 얼굴을 가진 신으로, 성과 집의 문을 지키며 전쟁과 평화를 상징한다.

기 전에만 가능한 일이다. 그 뒤의 역사에서는 평화와 향유가 끊임없는 노력의 결과로서만 가능하다.

투쟁이야말로 법의 노동이고, 투쟁이 실제로 필요하다는 점에서도, 투쟁이 윤리적 가치를 갖는다는 점에서도, 법의 경우와 재산의 경우가 다른 점이 없다는 생각을 이제부터 상세히 논하도록 하자. 이는 결코 쓸데없는 일이 아니다. 도리어 우리의 학문(법철학만이 아니라 실정법학까지도)이 범하고 있는 태만의 죄를 보상하는 것이리라.

지금까지 법학이 정의의 칼보다도 도리어 정의의 저울에 몰두했음이 명백하다. 법학은 오로지 학문적인 관점에서 법을 고찰해왔다. 요약하자면 그 관점이란 법을 현실적 측면에서 힘의 개념으로 보지 않고, 논리적 측면에서 추상적인 법명제의 체계로 본 것이다. 바로 이러한 일면적인 사고방식 때문에 법의 거친 현실을 그대로 반영하지 않는 법관념이 버젓이 통하고 있다고 생각한다. 나의 이러한 비난에 근거가 있음은 앞으로의 설명으로 증명될 것이다.

잘 알려져 있듯이 독일어 Recht는 이중적 의미를 포함한다. 즉 객관적인 의미의 법과 주관적인 의미의 권리로 사용된다. 객관적인 의미의 법은 국가가 운용하는 여러 법원칙의 총체, 즉 법률에 따른 생활 질서를 말한다. 한편 주관적인 의미의 권리는 추상적인 준칙이 사람의 구체적 권능으로 구체적인 형태를 취한 것을 말한다. 따라서 그 두 가지 방향에서 법과 권리는 저항에 부딪히게 되는데, 이는 반드시 극복되어야 한다. 즉 투쟁해서 자기의 존재로부터 취득해 관철해야 한다. 이 책에서 나는 권리를 위한 투쟁을 주된 고찰의 대상으로 삼지만, 투쟁이 법과 권리의 본질에 속한다고 하는 내 주장이 옳다는 것을, 법을 위한 투쟁과 관련해 증명하는 것도 소홀히 할 수 없다.

법의 생성을 위한 투쟁

법을 위한 투쟁이라는 문제 중에서, 국가가 행하는 법의 **실현**이 투쟁을 수반하는 점에 의문의 여지는 없으므로 여기서 상세히 논의할 필요는 없다. 즉 국가에 의한 법질서의 유지는 법질서를 침해하는 무법 상태에 대한 끊임없는 투쟁에 지나지 않는다.[5]

그러나 법의 **생성**과 관련짓는 경우, 그렇게 단순하지 않다. 역사가 시작할 때의 원초적 법생성에 대해서도, 또한 우리 눈앞에서 매일 반복되는 법의 개정, 기존 법제도의 폐지, 기존 법명제를 새로운 법명제로 대체하는 현상, 즉 법의 **발전**에 관해서도 내 주장은 아직 자명한 것이 아니다. 도리어 나는 법의 생성도 법의 모든 존재를 지배하는 투쟁의 법칙에 복종한다고 생각하지만, 이와 다른 견해가 있다.

그것은 적어도 현재의 로마법학에서 여전히 널리 승인되고 있는 견해다.[6] 나는 이러한 견해를 로마법학의 대표적인 두 학자의 이름

---

5   이는 법원에 의한 법질서 유지 활동을 말한다.
6   이를 '역사법학Geschichtliche Rechtsschule'이라고도 한다.

에 따라 법생성에 관한 사비니-푸흐타[7] 이론이라고 이름 짓고자
한다. 그 이론에 따르면 법의 형성은 언어의 형성과 마찬가지로, 알
지 못하는 사이에 어떤 고통도 없이 진행하는 것으로, 쟁탈이나 투
쟁도, 심지어 추구의 노력조차 필요로 하지 않는다. 진리가 갖는 온
유한 작용의 힘이 강인한 노력 없이 서서히, 그러나 확실하게 길을
가는 것이고, 법적 확신이 서서히 사람들 사이에 공유되어 사람들
의 행동으로 표현된다는 것이다.

그 이론은 새로운 법명제란 언어 법칙과 마찬가지로 무리 없이
성립하는 것이라고 여긴다. 가령 고대 로마법에는 채권자가 지불
능력이 없는 채무자를 로마 밖의 외국에서 노예로 매각할 수 있다
든가, 물건의 소유자는 불법 행동자로부터 자력으로 자신의 물건
을 뺏을 수 있다고 하는 법명제가 있었는데, 위 이론에 따르면 이러
한 법명제는 고대 로마에서 cum[8]이라는 6격 지배전치사에 이어지
는 명사가 종격으로 사용되는 언어 법칙과 거의 같이 형성되었다
고 한다.

이는 과거에 나 자신이 대학에서 배운 법의 생성에 관한 생각으

7 프리드리히 푸흐타Friedrich Puchta(1798~1846)는 19세기 독일의 법학자로 사비
니와 함께 역사학파의 로마니스텐에 속했으며, 판데크텐 법학의 창시자라고도 한
다. 민족정신을 떠나 로마법의 보편성을 강조하고 실증주의로부터 그 논리성을 추
궁당한 그의 법학은 예링으로부터 '개념법학Begriffsjurisprudenz'이라고 비판받았
다. 중요한 저서로는《관습법Das Gewohnheitsrecht》,《판데크텐 교과서Lehrbuch der
Pandekten》,《오래된 법체계와 새로운 법체계에 관한 고찰Betrachtungen über alte
und neue Rechtssysteme》등이 있다.
8 '와'라는 뜻을 갖는다.

로서, 대학을 졸업한 뒤에도 오랫동안 그 영향에서 벗어날 수 없었다. 그러나 그것은 과연 진리라고 주장할 수 있는 것일까? 분명히 법이 언어와 꼭 마찬가지로 의도적이지도 않고 의식적이지도 않은 —자주 사용되는 용어를 빌리면, 유기적인— 내부에서의 자연적 발전을 겪는다는 사실은 인정해야 한다. 이러한 것으로서는 거래에서 자주적으로, 언제나 마찬가지 형태로 체결된 법률행위[9]에서 생긴 모든 법명제, 나아가 학설이 현존하는 여러 가지 법의 분석에서 도출한 모든 추상적 개념, 추론, 준칙을 들 수 있다.

그러나 거래와 학설이라고 하는 이 두 가지 요소가 갖는 힘은 한정된 것으로, 기존 궤도 위의 운동을 제어하고 촉진할 수는 있지만, 흐름을 방해하는 둑을 무너뜨려 새로운 방향을 정할 수는 없다. 그것이 할 수 있는 일은 법률의 제정뿐이다. 즉 일정한 목표를 향한 국가권력의 의도적인 행동을 할 수 있을 뿐이다. 따라서 소송제도와 실체법의 모든 발본적인 개혁이 법률의 제정으로 행해졌다는 것은 결코 우연이 아니라, 법의 본질에 깊이 뿌리 내리고 있는 필연인 것이다.

물론 법률을 통해 기존의 법을 변경하는 경우에도, 가능한 현행법의 틀 속에서 새로운 원칙을 정하는 것에 그치고, 종래의 법에 근거해 형성된 구체적 생활 관계에는 들어갈 수 없는 경우가 있다. 이른바 망가진 나사못이나 롤러만을 새것으로 교체해서 법적 장치를 고치는 것에 불과한 경우도 있다.

9 계약을 말한다.

그러나 매우 많은 경우, 법의 개정은 현존하는 여러 권리나 사적 이익에 대한 최대한의 개입을 통해 비로소 실현되는 것이다. 오랜 세월 동안 무수한 개인이나 모든 계급의 이익이 기존의 법과 굳게 결부되어, 이러한 이익을 현저히 침해하지 않고 기존의 법을 폐지하는 것은 불가능하다. 어떤 법명제나 제도를 문제로 삼는다는 것은, 그 모든 이익에 대해 선전포고를 하는 것으로, 무수한 촉수로 단단히 들러붙은 해파리를 제거하는 것과 같이 힘든 일이다.

따라서 그러한 시도는 언제나, 위협에 폭로된 여러 이익의 자연스러운 자기보존 본능에 따른 엄청난 저항을 유발하고, 불가피하게 투쟁을 초래한다. 다른 모든 투쟁에서와 같이 이 투쟁에서도 중요한 것은 논리적인 근거가 아니라 대립하는 두 세력의 힘 관계다. 마치 힘의 합성과 같이 최초의 방향이 아니라, 평행사변형의 대각선 방향으로 달리는 것도 드물지 않다. 이렇게 생각하면 여론에 따라 이미 폐기된 제도가 그 뒤 오랫동안 생명을 유지하는 것이 많다는 현상도 이해할 수 있다. 그러한 제도를 유지하게 하는 것은 역사의 관성의 힘vis inertiae이 아니라, 각각 현상을 지킨다고 하는 여러 이익이 보여주는 저항력이다.

기존의 법이 이익에 따라 유지되는 이 모든 경우, 새로운 법이 등장하기 위해서는 투쟁이 승리를 거두어야 한다. 이 투쟁은 몇 세기 동안 계속되는 경우도 적지 않다. 그것은 또한 여러 이익이 기득권이라고 하는 형태를 갖는 경우에 격렬해진다. 이 경우, 어느 것이나 자기의 신성한 법과 권리를 깃발에 그린 두 세력이 대립하게 된다.

한편은 역사적인 법과 권리, 즉 과거로부터 지속되어온 법과 권리의 신성함을 방패로 내세우고, 다른 한편은 언제나 계속 생성되고 새롭게 쟁취되는 법과 권리, 즉 끊임없이 새로운 생성을 추구하는 인류의 시원적 권리의 신성함을 방패로 내세운다. 이는 법과 권리의 이념이 두 가지로 나뉘어 충돌하는 경우다. 양 당사자가 각각 자신의 확신을 위해 각자의 모든 정력과 모든 존재를 투입하고, 결국은 역사의 신성한 심판으로 비로소 결착이 나는 비극적인 경우다.

법의 역사로 기록되어야 하는 모든 중요한 성과, 즉 노예제나 농노제의 폐지, 토지소유의 자유나 영업의 자유, 그리고 신앙의 자유에 대한 승인과 같이, 성과는 모두 여러 세기에 걸친 격렬한 투쟁으로 쟁취된 것이다. 그래서 법이 나아가는 길은, 피에 젖은 길이었던 경우가 드물지 않고, 적어도 언제나 짓밟힌 과거의 법과 권리가 계속 깔아놓은 길이었다. 왜냐하면 "법은 자기 자식을 잡아먹는 사투르누스Saturnus[10]"[11]이기 때문이다. 법은 자신의 과거를 청산할 때에만 젊음을 되찾을 수 있다. 어떤 법이 일단 성립되었다는 이유로 무한하게, 즉 영원히 존속하기를 요구한다면, 그것은 자신을 낳아준 어머니에게 폭행을 저지르는 자식과 같은 것이다. 그러한 법이 법이념을 부르짖는 것은 법이념을 조롱하는 것이다. 왜냐하면 법이

---

10 사투르누스는 로마신화에 나오는 농업의 신이다. 그리스신화의 크로노스와 동일시된다. 영어 이름은 새턴Saturn이다.

11 Rudolf von Jhering, 《로마법의 정신Geist des römischen Rechts auf den verschiedenen Stufen seiner Entwicklung, Leipzig, Druck und Verlag von Bretkopf & Härtel》 2권 1부, 27절, 4판 70쪽(원주).

넘은 영원한 생성과 변화이고, 생성된 것은 새롭게 생성된 것에 자리를 양보해야 하기 때문이다.

> 생성된 것은 모두
> 없어지기에 가치가 있다.[12]

따라서 법은 역사적 발전 속에서 움직이는 가운데 추구하고 쟁취하고 투쟁하는 모습으로, 즉 힘겨운 노력의 모습으로 나타난다. 인간의 정신이 무의식중에 언어를 만들어가는 경우에 강력한 저항을 받지 않고 끝나고, 예술도 자신의 과거, 즉 지금까지 지배적이었던 양식을 극복하기만 하면 되었다. 그러나 인간의 여러 가지 목적, 노력, 이익의 중앙에 놓인 목적 개념으로서의 법은 옳은 길을 찾기 위해 끊임없이 모색하고 추구해야만 하며, 바른 길을 발견한 뒤에는 방해가 되는 저항을 타파해가야 한다. 이러한 발전이 예술이나 언어의 발전과 같은 법칙적인 것으로서 어디에서나 볼 수 있는 것임은 확실하지만, 그렇다고 해도 법 발전의 모습과 형태는 역시 언어와 예술의 경우와는 다르다.

---

12 괴테의 《파우스트 *Faust*》에 나오는 메피스토펠레스의 말이다.

역사법학의 문제점

그런 의미에서 우리는 사비니가 처음으로 지적한 이래, 빠르게 일반의 승인을 받은 법과 언어 및 예술의 발전이 유사하다는 생각을 단호하게 배척해야 한다. 그것은 이론적 견해로서는 틀린 것이지만 특별히 위험하지는 않다. 반면 그것을 정치적 원리로 생각하는 경우에는 가장 우려할 만한 잘못을 포함해 엄청난 재앙을 불러일으킨다. 왜냐하면 그것은 인간이 반드시 **행동**해야 할 경우, 즉 목적을 완전하고도 명확하게 정하고 전력을 기울여 행동해야만 하는 경우임에도, 그렇게 하지 않고도 문제는 스스로 해결된다고 주장하면서, 그들이 말하는 법의 원천, 즉 국민의 법적 확신으로부터 서서히 나타나게 된다는 것을 믿고서 아무 일도 하지 않고 맹목적으로 기다리는 것이 최선이라고 권하는 것이기 때문이다.

바로 그 때문에 사비니와 그의 모든 제자는 입법의 개입에 반대하고[13] 푸흐타의 관습법론은 관습의 참된 의의를 완전히 왜곡한 것이다. 푸흐타가 말한 관습이란 법적 확신의 단순한 인식 수단에 불과하다. 그 확신이 **행동**으로 비로소 형성된다는 것, 행동함으로써 확신이 실제로 그 힘을 보여주고 생활을 지배하는 사명을 수행하게 된다는 것, 요컨대 법은 힘과 결부된 개념이라는 명제가 관습법

---

13 이러한 태도를 과장한 결과 희화적으로 된 점으로는 내가 《로마법의 정신》 2권 25절 14에서 언급한 보수주의적 법철학자인 슈탈의 의회 강연에서 인용한 것을 보라 (원주). 프리드리히 율리우스 슈탈Friedrich Julius Stahl(1802~1861)은 독일의 법학자이자 정치인이다(옮긴이주).

에도 적용된다는 점에 대해 저 석학[14]은 눈을 완전히 감고 있다.

그렇게 함으로써 푸흐타는 오로지 자기 시대의 조류에 따랐다. 그것은 독일문학의 낭만주의 시대였기 때문이다. 낭만주의라는 개념을 법학에 적용해 문학과 법학의 두 분야에서 유사한 경향을 비교하는 수고를 마다하지 않은 사람은 내가 역사학파를 **낭만주의학파**라고 불러도 좋다고 주장해도 그것을 부당하다고 보지 않을 것이다. 법이 들판의 초목과 같이 어떤 고통이나 노력이나 행동도 하지 않고 형성된다고 하는 것은 전적으로 낭만주의적인— 즉 과거 상태의 잘못된 이상화에 근거한— 생각일 뿐이다.

그러나 가혹한 현실이 우리에게 가르쳐주는 바는 그 반대다. 우리가 눈으로 보는 현실의 단면, 즉 현재 거의 모든 점에서 여러 국민의 실력 투쟁을 보여주는 이 현실만이 그런 생각을 부정하는 것은 아니다. 과거 시대를 보아도 받는 인상에 변함은 없다. 따라서 사비니의 학설이 적용되는 것은 어떤 사료도 없는 선사시대뿐이다. 그러나 선사시대에 대해 추측할 수 있다고 한다면, 나는 선사시대가 민족의 확신에서 비롯된 무사 평온한 법형성의 무대였다고 본 사비니의 추측과는 정반대로 보고 싶다. 내 추측은 적어도 유사 이래 법 발전으로부터의 유추에 근거하는 것이고, 사견에 따르면 이러한 소급적 유추의 방법은 인간 심리의 연속성으로부터 옳은 결론으로 이끌 개연성이 크다고 생각되는데, 이를 인정하지 않을 수 없을 것이다.

14 푸흐타를 말한다.

원시시대! 그것을 특징짓는 진실, 솔직, 성실, 아이와 같은 순수, 경건한 신앙과 같이, 원시시대는 모든 아름다운 성질을 갖는다고 보는 생각이 과거에 유행했다. 그러한 토양 위에서는 법도 법적 확신 이외의 양분 없이 성장하고, 주먹이나 칼은 불필요했다고 보았다. 그러나 오늘날에는 누구라도 이 경건한 시대가 사실은 정반대의 특징인 조잡, 잔혹, 냉혹, 교활, 모략과 같은 특징을 갖는다는 것을 알고 있다.

그런 원시시대가 후대에 비해 쉽게 법을 확보할 수 있다는 상정은 더 이상 믿기 어렵다. 내 생각으로는 원시시대에 법을 확보하기 위해 지불해야 했던 노력 쪽이 훨씬 더 컸다. 가령 자신의 물건을 점유자로부터 뺏는 소유자의 권능, 지불 불능한 채무자를 타인에게 노예로 매각하는 채권자의 권능에 대한 초기 로마법의 법명제와 같은 가장 단순한 법명제도, 어려운 투쟁으로 얻어진 뒤에 비로소 투쟁의 여지가 없이 일반적인 승인을 얻게 되었음에 틀림없다. 문서 사료의 출현 이래의 역사가 법의 생성에 대해 가르쳐주는 점만으로 충분할 것이다. 그것에 따르면 법의 탄생은 인간의 탄생과 마찬가지로 통상 격렬한 진통을 수반했다.

그렇다면 상황이 이렇다고 개탄만 해야 하는가? 여러 국민이 어떤 수고도 하지 않고 법을 확보한 것이 아니라, 법을 추구해 고심하고 다투고 싸우고 피를 흘려야 했기 때문에, 각각 국민과 그 법 사이에는 생명의 위험을 수반하는 출산을 통해 모자간에 생기는 것과 같은 두터운 유대관계가 생기는 것이 아닐까? 어떤 노력도 하지 않고 확보하는 법은 황새가 물어온 아이[15]의 처지와 같은 것이다.

그 아이는 여우나 독수리가 다시 채갈지도 모른다. 반면 아기를 낳은 어머니는 아기를 빼앗기지 않는다. 마찬가지로 피를 흘릴 정도의 노고를 통해 법과 제도를 쟁취해야 했던 국민은 이를 빼앗기지 않는다. 이를 다음과 같이 말할 수도 있다. 어떤 국민이 자신의 법에 힘을 쏟고 자신의 법을 관철하기 위해 뒷받침하는 애정의 힘은, 그 법을 얻기 위해 쏟은 노력과 노고의 크기에 비례한다고. 국민과 그 법 사이의 가장 튼튼한 유대관계를 만들어내는 것은 단순한 관습이 아니라, 그것에 지불된 희생이다.

그리고 신이 어떤 국민을 선택한다고 해도 신은 국민이 필요로 하는 것을 그들에게 **주지** 않고 국민의 노고를 **경감**해주지도 않는다. 도리어 신은 그것을 **더욱 무겁게** 한다. 그런 의미에서 나는 아무런 주저 없이 말한다. 법이 탄생하기 위해 필요로 하는 투쟁은 저주가 아니라 축복이라고.

15 북유럽 전설에 따르면, 창조의 바다에서 떠다니는 태아를 황새가 발견해 사람에게 전해주었다고 한다. 출생을 뜻하는 'Birth'라는 말의 어원은 '나르다'라는 의미의 고대영어 'Beran'인데 이 말은 스칸디나비아어에서 유래했다. 서양에서는 아이들로부터 출생에 관한 곤란한 질문을 받을 경우 "황새가 물어서 날라다주었다"고 말한다.

권리를 위한 개인의 투쟁

민사소송은 권리를 위한 투쟁

눈을 돌려 **주관적** 내지 **구체적** 레히트, 즉 권리를 위한 투쟁을 살펴보자. 이 투쟁은 권리가 침해되거나 빼앗긴 채로 있는 경우에 시작된다. 자기의 권리를 주장하는 권리자의 이익에 대해, 이를 무시하려는 자의 이익이 언제나 대립하는 이상, 개인의 권리이든, 국민의 권리이든 침해의 위험을 면하는 것은 없다. 따라서 권리를 위한 투쟁은 어떤 법 분야에서도, 즉 아래로는 사법에서 위로는 헌법과 국제법에 이르는 모든 분야에서 반복된다.

전쟁이라고 하는 형태의 권리침해에 대한 국제법상의 주장, 국가권력의 자의적 행사나 헌법 위반에 대한 봉기와 반란과 혁명과 같은 형태의 국민의 반항, 중세의 소위 린치법Lynchgesetz이나 권리실현을 위한 자력구제권Faustrecht, 그리고 그것의 현대 유물인 결투권Fehderecht이라는 형태의 사적 권리의 거친 실현, 정당방위라는 형태의 자위권, 민사소송이라는 규제된 형태의 권리주장은 모두 분쟁 목적물이나 투입된 힘, 투쟁의 형태나 차원이 다양함에도 불구하고 권리를 위한 투쟁이라는 점에서 모두 하나인 것의 여러 형태와 장면이다.

이제부터는 이러한 형태 중에서 가장 냉정하게 행해지는 것, 즉 소송이라는 형태를 취한, 사적 권리를 위한 법적 투쟁에 대해 논의하고자 한다. 이는 법률가인 나에게 익숙해서가 아니라, 민사소송의 실상이 법률가에게도 일반인에게도 매우 알기 어려운 것이기 때문이다. 그 밖의 경우에는 실상이 분명하므로 커다란 힘을 투입할 정도로 가치가 높은 목적물이 다투어지고 있다는 점은 바보라도 알 수 있다. 따라서 이 경우에는 왜 싸워야 하는지, 왜 양보하지 않는지를 묻는 사람은 없다.

그러나 사법상의 다툼에서는 사정이 전혀 다르다. 분쟁의 목적이 되는 이익(보통은 소유권)의 가치는 비교적 근소하다. 그러한 문제의 처리에 관련된 무미건조한 법률론을 보면, 이러한 종류의 분쟁은 오로지 냉철한 타산과 인생관의 분야에 속하는 것처럼 보인다. 민사 분쟁이 처리되는 형식도, 그 형식의 기계적 성격도, 당사자의 자유롭고 강력한 자기주장의 금지도, 민사소송의 차가운 인상을 도리어 강렬하게 만들 것이다. 본래 민사소송에서도 당사자 자신이 심판의 장에서 주역을 연기한 시대, 그 덕분에 분쟁＝투쟁 Kampf의 참된 의의가 분명했던 시대가 존재했다. 아직 검으로 소유 분쟁을 해결하고, 중세의 기사가 상대에게 결투요구서를 보낸 시대에는 제3자라고 해도, 이러한 분쟁＝투쟁이 단순히 **물건**의 가치를 둘러싼 것, 즉 금전적 손실의 방위를 목표로 하는 것이 아니라,

당해 물건과 관련되어 당사자의 **인격**, 그 권리와 명예가 다투어지고 주장되는 것임을 알 수 있었다.

그러나 형태는 다르지만 실질적으로는 완전히 그것과 같은 현재 문제의 해석에 도움이 될 것이 없으므로 오늘날에 와서까지 과거의 상태를 상기할 필요는 없다. 현재 생활의 여러 가지 현상을 일별하고, 우리 자신의 심리에 대해 자기 관찰을 시도하는 것으로 충분할 것이다.

권리를 침해당하면 권리자는 다음과 같은 문제에 직면하게 된다. 권리를 주장하며 침해자에게 저항하는 것, 즉 싸움을 택할 것인가, 아니면 투쟁을 회피하기 위해 권리를 포기해야 할 것인가? 그는 이에 대해 스스로 결단해야 한다. 어떤 길을 택하든, 그 결단은 희생을 수반한다. 권리를 희생해 평화를 선택할 것인가, 아니면 평화를 선택해 권리를 희생할 것인가?

이 문제를 더욱 깊이 파고들면 다음과 같다. 즉 사실관계와 당사자의 구체적 사정에 따라 무엇을 희생하는 쪽이 참기 쉬운가? 부자는 평화를 위해 자신에게는 근소한 소송액을 희생하지만, 같은 액수를 크다고 생각하는 빈민은 그것을 위해 평화를 희생할 것이다. 이렇게 생각하면 권리를 위한 투쟁이라는 문제는 순수한 계산문제가 되고 만다. 이 계산문제를 해결하기 위해 당사자 각자가 이해득실을 비교 형량해야 한다는 것이 된다.

그러나 실제로는 그렇지 않다는 것을 누구나 알고 있다. 일상적으로 알 수 있듯이 예상되는 노고와 정신적 소모, 비용의 크기에 비해 소송물의 액이 부족한 소송은 얼마든지 있다. 물속에 떨어진

1탈러[1]를 줍기 위해 다른 사람에게 부탁해 2탈러를 지불할 사람은 있을 수 없다. 이 경우에 얼마까지라면 지불할 것이라는 문제는 오로지 계산문제다.

그렇다고 한다면 왜 사람들은 소송의 경우에도 같은 계산을 하지 않을까? 원고는 재판에 이긴다고 믿고, 비용을 피고에게 부담시킬 작정이라고 설명하는 것으로 이 문제는 풀리지 않는다. 법률가가 잘 알고 있듯이, 이기기 위해 방대한 비용이 필요한 것이 분명한데도 소송을 포기하지 않는 당사자가 상당수 있다. 사건의 어려움을 설명하고, 소송을 포기하도록 권하는 변호사를 향해 아무리 돈이 들어도 소송을 하겠다고 말하는 의뢰인도 얼마나 많은가?

합리적인 이해타산의 견지에서 본다면 비상식적이라고 말할 수밖에 없는 이러한 행동을 어떻게 이해할 수 있는가? 이 물음에 대해 자주 듣는 답은 모두 잘 알고 있다. 그것은 소송중독증이나 권리주장증이라고 하는 혐오스러운 병이라든가, 철저한 싸움 취향이라든가, 상대방과 같은 정도의 희생, 경우에 따라서는 상대방보다도 큰 희생을 지불해야 하는 것이 확실하다고 해도 여하튼 상대방에게 화풀이를 하고 싶어 하는 충동 때문이라고 한다.

일단 개인 간의 분쟁에서 벗어나 두 국민 사이의 분쟁을 먼저 생각해보자. 한 국가의 국민이 다른 국가의 국민에게서 1제곱마일의 무가치한 황무지를 위법하게 빼앗았다고 가정하자. 피해국은 전쟁

---

1   Taler는 수백 년 동안 유럽에서 쓰였던 은화다. 오늘날에도 탈러라는 이름은 달러 등으로 바뀌어 쓰이고 있다.

을 시작해야 하는가? 경계선의 2, 3피트 안까지 이웃이 경작해서 피해를 본 농민이나 이웃이 모은 밭의 돌을 자기 밭으로 던져 피해를 본 농민이 소송을 제기하는 것을 소송중독증이라고 보는 것처럼, 이 국제분쟁을 고찰해보도록 하자. 수천 명의 사람이 죽고 신분에 상관없이 비탄과 곤궁이 초래되며, 엄청난 국비가 소모되고 국가의 존립조차 위협당하는 전쟁에 비하면 1제곱마일의 황무지에 얼마만큼의 가치가 있는 것일까! 그만큼의 전과를 위해 그 정도의 희생을 지불하는 것은 얼마나 어리석은 짓인가!

예로 든 농민과 국가를 동일 척도로 본다면 위와 같이 판단할 수밖에 없다. 그러나 위 농민에게 소송을 포기하도록 권하는 사람이라도, 국가에 대해서 같은 조언을 할 것으로는 생각되지 않는다. 누구라도 알 수 있듯이 이러한 권리침해를 묵인하는 국민은 자신에 대한 사형 판결에 서명하는 것과 같은 것이다. 이웃 나라에게 1제곱마일의 영토를 뺏기면서도 아무런 저항도 하지 못한 나라는 그 밖의 영토도 빼앗기에 되고, 마침내 영토를 전부 상실한 국가로 존립하지 못하게 될 것이다. 그런 국민은 그런 운명에 처할 수밖에 없다.

그러나 더욱더 생각해보면, 어떤 국민이 1제곱마일의 영토를 위해 그 가치의 대소에 관계없이 싸워야 한다고 하면, 왜 농민에 대해서도 약간의 토지를 지키기 위해 일어서야 한다고 말하지 않는 것일까? 아니면 '주피터에게 허용된 것도 소에게는 허용되지 않는다'[2]는

---

2   quod licet Jovi, no licet bovi.

격언에 따라 농민을 포기시켜야 하는가? 사실 국민이 단지 1제곱마일의 영토를 위해서가 아니라 자신을 위해, 즉 자신의 명예와 독립을 위해 싸우는 것처럼, 농부가 자기 권리를 무례하게 무시당한 것을 제거하기 위해 하는 소송도 근소한 가치밖에 없는 소송물을 위해서가 아니라 이념적인 목적을 위해서, 즉 **인격 자체와 그 권리감각을 보여주기** 위해 수행되는 것이다.

이러한 목적에 비추어보면 소송에서 생기는 여러 가지 희생과 불편도 문제가 되지 않는다고 권리자는 생각한다. 목적 때문에 수단을 다하는 보람이 있다고 생각하는 것이다. 피해자를 압박해 소송을 제기하게 하는 것은 냉정하게 숙고된 금전적 이해관계가 아니라 가해진 불법에 대한 윤리적 불쾌감이다. 피해자에게 소중한 것은 소송물을 되찾기 위해서가 아니라— 이러한 종류의 소송에서 소를 제기한 참된 동기를 보여주기 위해 종종 행해지듯이, 원고가 배상금을 구빈시설에 기부하도록 결정하는 것인지도 모른다— 도리어 자기의 정당한 권리를 주장하는 것이다.

내면의 소리가 그에게 물러서서는 안 된다고 하며, 자신에게 소중한 것은 무가치한 소송물이 아니라 자신의 인격과 명예와 권리감각과 긍지라고 말하는 것이다. 요컨대 그에게 소송은 단순한 **이해관계의 문제로부터 품격의 문제**로, 즉 인격을 **주장**하는가, 아니면 **포기**하는가의 문제인 것이다.

그러나 역시 경험이 가르쳐주는 바에 따르면, 동일한 상황에서 정반대의 결심을 하는 사람도 분명히 있다. 힘들게 주장해야 하는 권리보다도 평화 쪽이 낫다고 하는 것이다. 이에 대해서는 어떻게 생각하면 좋을까? 그것은 각자의 취미와 기질의 문제로 싸움을 좋아하는 사람도 있지만 평화를 좋아하는 사람도 있고, 권리는 권리를 주장하거나 포기하는 것을 권리자의 선택에 맡기고 있으므로 권리의 입장에서 본다면 싸움도 좋고 싸우지 않는 것도 좋다고 말해 끝내야 하는가?

알다시피 그런 의견을 실생활에서 종종 듣게 되지만, 나로서는 그것이 대단히 잘못된 생각이고 권리의 궁극적인 성질을 오해한 것이라고 본다. 그런 잘못된 생각이 지배적이 된다고 한다면 권리 자체가 부정될 것이다. 왜냐하면 권리의 존립을 위해서는 불법에 대한 용감한 저항이 필요하다는 점에 대해, 앞서 본 잘못된 생각은 불법에서 도망치는 비겁한 태도를 장려하는 것이기 때문이다.

이런 잘못된 견해와 맞서는 내 생각은 다음과 같다. 인격 자체에 도전하는 무례한 불법, 권리를 **무시**하고 인격을 **모독**하는 형태의 권리침해에 대해 저항하는 것은 **의무**다. 그것은 먼저 권리자 **자기 자신에 대한** 의무다. 그리고 또한 **국가공동체에 대한** 의무다. 법이 실현되기 위해서는 권리침해에 대한 저항이 필요하기 때문이다.

권리 투쟁은 윤리적 인격의 자기주장

권리 투쟁은 권리자 자신에 대한 의무

권리를 위한 투쟁은 권리자 자신에 대한 의무다.

자신의 생존을 주장하는 것은 살아 있는 모든 생명의 최고 법칙이다. 이 법칙은 모든 생물의 자기보존 본능으로 나타난다. 그러나 인간에게는 육체적 생존만이 아니라 윤리적 존재로 생존하는 것도 중요하며, 이를 위한 조건의 하나가 권리를 주장하는 것이다. 인간은 자신의 윤리적 생존 조건을 권리라는 형태로 유지하고 지킨다. 따라서 권리를 갖지 않는 인간은 짐승 수준으로 떨어지게 된다.[1]

---

1 클라이스트는 《미하엘 콜하스*Michael Kolhaas*》(이에 대해서는 뒤에서 상세하게 논의할 것이다)라는 소설에서 주인공의 입을 빌려 다음과 같이 말한다. "내가 이렇게 짓밟혀야 한다면 차라리 인간이 아니라 개가 되고 싶다."(원주)
하인리히 폰 클라이스트Heinrich von Kleist(1777~1811)는 독일의 극작가다. 그가 독일에서 일어난 실화를 바탕으로 쓴 소설 《미하엘 콜하스》는 정의를 위해 들고 일어났으나 결국엔 끝맺음을 내지 못한 반란에 대한 이야기다. 16세기 독일 작센 지방의 말 중개상 미하엘 콜하스는 가족과 하인 몇몇을 거닐고 살았는데, 어느 날

그런 만큼 로마인은 추상적 법의 관점에서는 이치 그대로, 노예를 가축과 동일선상에 두었다.

따라서 권리를 주장하는 것은 윤리적 자기보존의 의무이고, 권리 주장을 전체로 포기하는 것(오늘날 그것은 전적으로 불가능하지만 과거에는 가능했다)은 윤리적 자살(권리능력, 즉 법적 인격을 스스로 말살하는 것)이다. 또 법이라고 하는 것은 개별 법제도의 총체에 불과하고, 각각의 법제도는— 소유권도 혼인도, 계약도 명예도— 각각의 인간 존재에게 물리적 또는 윤리적 생존 조건이 되고 있으므로[2]

말을 팔기 위해 성으로 가다가 길을 지키는 문지기로부터 전에는 없었던 통행료를 요구받게 된다. 기존의 영주가 사망한 이후 새로운 영주가 들어서면서 통행료가 생긴 것이었다. 결국 통행료 조로 잠시 검은 말 두 마리를 검문소에 맡기되 온전하게 보관하는 조건으로 관문을 통과해 성으로 들어가지만, 정작 거래를 마치고 난 이후에야 그 통행료 규정이 영주가 제멋대로 만들었다는 사실을 깨닫게 된다. 설상가상으로 검문소에 맡긴 말 두 마리는 생기 없이 온몸에 상처가 가득했고, 말을 지키고 있던 하인 역시 마구 폭행을 당한 상태였다. 불합리한 처사에 분노한 콜하스는 영주를 처벌하기 위해 고소를 하지만, 영주는 고위층과 가까운 인물이었고, 그 때문에 고소는 청구하는 즉시 기각당하고 만다. 이를 보다 못한 아내가 직접 고소를 하려고 찾아가지만 도리어 싸늘한 시체가 되어 집으로 돌아오고 만다. 결국 분노를 참을 수 없던 콜하스는 하인들과 함께 영주를 직접 처단하기 위해 반란을 일으키고, 점점 많은 농민이 동참하면서 반란의 세는 걷잡을 수 없이 커져간다. 이 과정에서 반란군은 영주를 찾는다는 목적으로 다른 마을에 불을 놓거나 약탈을 하게 되고, 이를 보다 못한 마르틴 루터Martin Luther(1484~1546)는 콜하스를 찾아가 갈등을 빚게 된다. 결국 루터의 설득 등으로 반란은 끝이 나고 콜하스의 소원대로 영주는 처벌받게 되지만 그 대신 콜하스는 치안을 어지럽혔다는 명목 등으로 사형을 받는다(옮긴이주).

2 나는 그 증거를《법에서의 목적Der Zweck im Recht》에서 들었다.(1권 434쪽 이하, 2판에서는 443쪽 이하) 이에 따라 나는 법이란, 국가권력이 강제라는 형식을 취해 실현하는 사회의 생존 조건의 확보라고 정의했다(원주).

그러한 생존 조건의 하나만을 포기하는 것도 권리 전체를 포기하는 것과 마찬가지로 법의 입장에서는 인정할 수 없다. 도리어 타인이 이러한 조건의 하나를 공격하는 것은 있을 수 있고, 그 공격을 물리치는 것은 권리주체의 의무다. 왜냐하면 이러한 생존 조건이 권리를 통해 추상적으로 보장되는 것만으로는 불충분하고, 권리주체가 그것을 구체적으로 주장하는 것이 필요하기 때문이다. 이러한 주장의 계기를 부여하는 것이 타인의 자의적 침해라는 것이다.

그러나 모든 불법이 자의, 즉 권리의 **이념**에 대한 위배라고 할 수는 없다. 내 소유물을 점유하는 자가 그것을 자신의 소유물이라고 믿는 경우, 그는 내 인격을 침해하는 방식으로 소유권의 이념을 무시한 것이 아니라, 자신을 위해 소유권의 이념을 방패로 삼은 것이다. 이 경우 두 사람 사이의 분쟁은 어느 쪽이 소유자인가라는 문제를 둘러싼 것에 불과하다. 이에 비해 절도나 강도의 범인은 소유권이라는 법제도의 틀 밖에 있는 것이고, 내 소유권을 무시함으로써 소유권의 이념을— 따라서 내 인격의 중요한 하나의 생존 조건을 — 무시하는 것이다.

그러한 행동양식이 일반화된 상태를 생각해보자. 거기에서는 소유권이 실제로 무시되는 것에 그치지 않고 원리적으로도 무시된다. 따라서 이러한 범행은 내 물건에 대한 공격만이 아니라, 내 인격에 대한 공격도 포함한다. 그리고 자신의 인격을 주장하는 것이 내 의무인 이상, 인격의 존재에 불가결한 조건을 주장하는 것도 내 의무다. 공격을 받은 자는 소유권을 방위함으로써 자기 자신을, 즉 자신의 인격을 방위하게 되는 것이다.

소유권의 포기가 정당화되는 것은, 강도가 피해자에게 생명과 금전 중에 어느 것을 선택할 것인지 위협하는 경우처럼 소유권을 주장해야 할 의무와 생명의 유지라고 하는 더욱 고차적인 의무가 충돌할 때뿐일 것이다. 이러한 경우를 제외하면, 자신의 인격을 침해하는 형태로 권리를 무시당한 사람이 주어진 모든 수단을 동원해 싸우는 것은 모든 사람이 지닌 자신에 대한 의무다.

이러한 무시를 묵인하는 사람은, 자신의 생활이 부분적인 **무권리 상태**에 놓여 있음을 인정하는 결과[3]가 되지만, 그런 것을 스스로 조장하는 자살적 행동은 누구에게도 허용되지 않는다. 단 타인이 자신의 소유물을 선의로 점유하는 경우, 그 타인에 대한 소유권자의 관계는 그것과 전혀 다르다. 이 경우, 소유권자가 무엇을 해야 하는가라는 문제는 권리감각의 문제, 즉 그의 품격이나 인격의 문제가 아니라 단순한 이해관계의 문제다. 여기서 문제가 되는 것은 물건의 가치에 불과하고, 그가 승소한 경우의 이득과 비용 및 노력, 나아가 패소의 가능성을 형량한 뒤에 소송을 제기할 것인가 말 것인가, 아니면 화해의 길을 갈 것인가를 결정하는 것이 완전히 정당화되기 때문이다.[4]

---

3 권리능력의 부분적 포기를 말한다.

4 이 부분은 내가 권리를 위한 투쟁을 설명하고 그 투쟁에서 생기는 알력을 도외시하고 있다는 오해를 방지하는 데 도움이 된 것이었다. 나는 권리침해로 인해 인격 자체가 유린되는 경우에만 권리주장은 인격의 자기주장이고, 명예에 관련된 것이며, 윤리적인 의무라고 설명한 것에 불과하다. 이 정도로 명확하게 강조한 구별을 간과하고, 내가 마치 싸움이나 항쟁은 대단히 좋은 일이고 소송중독증이나 권리주장증은 미덕이라고 하는 바보 같은 주장을 일삼았다고 하는 것처럼 해석하는 사람이 있다.

화해라는 것은, 당사자 쌍방의 이러한 확률 계산의 결과가 종종 일치할 때에 성립한다. 그러한 전제하에서는 분쟁 해결을 위해 허용되어 있는 방법이 아니라, **가장 옳은 방법**이다. 그럼에도 불구하고 실제로는 화해의 성립이 매우 힘든 경우가 많고, 양 당사자가 법정에서 각자의 변호사와 의논할 때 처음부터 모든 화해교섭을 거부하는 경우도 드물지 않다. 이는 양 당사자가 모두 소송을 하면 자신이 이긴다고 믿기 때문이기도 하지만, 상대방을 의식적인 불법을 행하고 악의적인 의도를 갖는 사람이라고 생각하기 때문이기도 하다.

따라서 소송상으로는 객관적인 불법[5]으로서, 즉 '소유물반환청구권'이라는 형태로 심리되는 문제라도, 당사자의 심리에서는 이미 서술한 의식적인 권리침해의 경우와 마찬가지 자세를 취한다. 권리주체인 당사자의 입장에서 본다면, 이 경우에 그가 자신의 권리에 가해진 공격을 배척하는 완강한 태도는, 도둑에 대한 경우와 전적으로 같은 동기에서 생긴 것이고, 동일한 윤리적 정당화를 수반하는 것이다. 이러한 경우, 당사자에게 소송비용이나 소송에서 비롯되는 여러 가지 성가심, 승소의 불확실성 등을 설명하며 소송에서 물러나기를 기대하는 것은 당사자의 심리를 잘못 판단한 것이다. 당사자에게 문제는 이해관계의 문제가 아니라, 침해된 권리감각의 문제이기 때문이다.

하지만 그러한 곡해는, 좋아하지 않는 견해를 공격하는 전제로서 먼저 그것을 왜곡한다고 하는 불성실한 태도에서 비롯되거나, 아니면 책의 마지막 부분을 읽을 때에는 첫 부분에 쓰인 것을 잊는 상스러운 독서 방법에서 유래하는 것이다(원주).

5   이 책의 69쪽 참조(원주).

그러한 당사자를 설득하기 위한 유일한 실마리는 그가 상정하고 완고한 태도를 취하는 근거가 된 것, 즉 상대방의 악의적인 의도라는 것에서 구할 수 있다. 그러한 상정이 잘못된 것이라고 말한다면, 완강했던 당사자의 반감도 약화될 것이고, 이익의 관점에서 사건을 재고하게 되며, 그 결과 화해에 응하는 것도 가능하게 된다. 그러나 아무리 설득을 해도 당사자의 선입견 때문에 완강한 태도를 취하는 경우가 얼마나 많은지를 모든 법률실무가는 잘 알고 있다. 따라서 심리적으로 접근하기 어려운 극심한 불신감이 전적으로 개인적인 것, 즉 당사자가 된 인물의 성격 때문이 아니라, 오히려 교육 정도나 직업의 상이함 때문에 명백한 강약의 차이가 인정된다고 말해도 실무가들은 반대하지 않을 것이다.

　　가장 완고한 시기심을 갖는 집단은 농민이다. 농민에 대해 표현할 때 종종 '소송중독증'이라고 일컫는데, 이는 농민의 특징적인 두 가지 요소, 즉 (탐욕이라고까지는 말할 수 없어도) 강력한 소유의식과 시기심이 낳은 것이다. 농민만큼 자신의 이익에 민감하고 소유물을 확실하게 장악하는 집단은 없다. 그럼에도 잘 알려져 있듯이, 농민만큼 모든 재산을 소송에 쏟는 집단도 없다. 이는 언뜻 보아 모순처럼 보이지만, 실제로는 잘 설명될 수 있다. 그야말로 고도로 발달한 소유의식이 있기에 그것이 침해되면 농민에게는 엄청난 고통이 되고, 이에 대한 반작용도 그만큼 커지게 된다. 농민의 소송중독증은 시기심에 근거한 잘못된 소유의식에서 비롯된다. 애정 관계에서 질투가 위험을 초래하듯이, 이러한 잘못된 생각은 결국 자신에게 화살을 쏘게 하고, 그를 구하고자 생각하는 사람을 파괴하는 것이다.

위에서 서술한 내용의 흥미로운 보기를 고대 로마법에서 찾아보자. 고대 로마법에서는 모든 권리분쟁 시에 상대방의 악의를 찾아내는 농민의 시기심이라는 것이 법명제라는 형태로 채택되었다. 분쟁의 양 당사자가 모두 선의일지도 모른다는 경우까지 포함해 어떤 경우에도, 패소자는 처벌되어 자신이 상대방의 권리에 가한 공격을 보상해야 했다. 침해를 받은 경우 단순히 권리의 회복을 인정하는 것만으로는 격렬하게 전개된 피해자의 권리감각을 만족시킬 수 없고, 가해자에게 고의나 과실이 있든 없든 간에 피해자의 권리가 가해자에 의해 일단 부인되었다고 하는 점에 대해 특별한 보상이 요구되는 것이다(이에 대해서는 뒤에서 설명하겠다).

현대의 농민이 법을 만들어야 하는 입장에 놓인다면, 그것은 아마도 고대 로마의 농민법과 같은 것이 될 것이다. 그러나 이미 로마 시대에 법 세계의 시기심은 문화의 발달을 통해 원리적으로 극복되었다. 즉 두 종류의 불법인 고의과실에 근거한 것과 무과실에 근거한 것, 주관적인 불법과 객관적인 불법(헤겔의 용어에 따르면 '악의가 없는 불법')이 정확하게 구별되었다.

이러한 주관적 불법과 객관적 불법의 구별은 입법적으로도 학문적으로도 매우 중요하다. 그것은 **법**이 어떻게 정의의 입장에서 사태를 바라보고, 상이한 불법에 각각의 효과를 부여하는지를 보여주기 때문이다. 그러나 **권리주체**가 받아들이는 방식에서는, 즉 추상적인 체계적 개념에 따라 움직여지지 않는 그의 권리감각이, 불법으로 인해 받는 제재에 대해서는 앞의 구별이 전혀 중요한 의미를 지니지 않는다. 구체적인 사례의 사정에 따라 법률상으로는 단순한 객관적 권리침해로 보이는 권리분쟁이라도 권리자가 상대방의 악의적인 의도, 의식적인 불법을 상정하는 것도 맞다고 여겨지는 것이다.

이 경우, 권리자가 이러한 판단에 근거해 상대방에 대한 자신의 태도를 결정하는 것은, 전적으로 정당하다. 나의 채무자가 사망한 뒤 그 상속인이 채무의 존재를 전혀 알지 못하고 채무의 존재가 입증된다면 변제하겠다고 말하는 경우, 채무자 자신이 파렴치하게도 돈을 빌린 사실을 부인하거나 이유 없이 변제를 거부하는 경우와 똑같아, 법은 이를 객관적 침해라고 인정하는 한 나에게 전적으로 동일한 임금반환청구권을 승인한다. 하지만 그렇다고 해서 내가 전자의 선의를 지닌 상속인의 행동과 후자의 악의 있는 채무자의 행동을 구별해 자신의 태도를 결정하는 것이 방해받지 않는다.

후자의 경우에 채무자는 나에게 절도범과 같이 행동하는 것이다. 즉 그는 나의 것이라고 알면서 뺏는 것이고, 의식적인 불법으로 권리를 침해하는 것이다. 이에 반해 전자의 경우에는, 채무자의 상속인이 내 물건의 선의의 점유자와 같은 입장에 있다. 그는 채무자가 변제해야 한다는 명제를 무시하는 것이 아니라, 그 자신이 상속으로 채무자가 되었다고 하는 내 주장을 다투는 것에 불과하다. 따라서 선의의 점유자에 대해 설명한 것은 모두 그에게도 적용된다.

그런 **상속인**이라면 나는 화해할 수도 있고, 승산이 없는 경우에는 소의 제기를 완전히 포기할 수도 있다. 그러나 내가 소송을 두려워한다거나 안일함과 나태함과 우유부단한 태도를 취할 것이라는 의심으로 내 정당한 권리를 뺏고자 하는 채무자에 대해서는, 돈이 아무리 많이 들어도 내 권리를 추구하고, 추구해야만 한다. 왜냐하면 그렇게 하지 않으면 나는 **그러한** 권리를 상실할 뿐 아니라, 권리 **일반**을 포기하게 되기 때문이다.

지금까지 설명한 것에 대해 다음과 같이 반론할지도 모른다. 인격의 윤리적 생존 조건으로서의 소유권이나 채권에 대해 일반인은 무엇을 알고 있는가라고. 이처럼 **알고** 있는가라고 물으면 아니라고 답할 수밖에 없다. 그러나 사람들이 그러한 권리를 인격의 윤리적 생존 조건이라고 **느끼느냐**라고 묻는다면 나는 그것을 입증할 수 있다고 생각한다.

사람들은 육체적 생존의 조건으로서 신장이나 폐나 간에 대해 아무것도 모른다. 그렇지만 누구나 폐가 찔릴 때의 아픔이나 신장이나 간의 통증을 느낄 수 있고, 이를 경고로 받아들인다. 육체적인 고통은 생명체의 고장을 알리는 신호이자, 생명체에게 위험한 영향력의 존재를 통고하는 신호다. 이는 절박한 위험에 대한 주의를 촉구하고, 우리에게 주어진 고통을 예의 주시하라고 경고해준다.

의도적인 불법이나 자의적인 행동으로 가해진 윤리적 고통(윤리적 존재로서의 인간에게 주어진 정신적 고통)에 대해서도 똑같이 말할 수 있다. 윤리적 고통은 정신적 고통과 마찬가지로— 각각의 주체가 지닌 감수성의 차이, 권리침해의 형식과 대상의 차이(이에 대해서는 뒤에서 상세하게 설명한다)— 강력한 것도 있고, 약한 것도 있지만, 벌써 무의식적이 된 인간, 즉 현실의 무권리 상태에 익숙해진 인간을 제외하고, 모든 인간에게 윤리적 고통으로 받아들여지고, 육체적 고통과 같이 경고하는 것이다.

여기서 내가 염두에 두고 있는 것은, 현재의 고통을 멈추기 위한 효과적인 경고보다는 긴 눈으로 본 경고, 침묵하면서 고통을 참아내는 것만으로는 손해를 보는 건강을 유지하기 위한 경고다. 여하튼 육체적 고통이 육체적 자기보존의 의무를 수행하라고 경고하듯이, 윤리적 고통은 윤리적 자기보존의 의무를 수행하라고 경고한다는 점이다.

장교, 농민, 상인의 경우

의문의 여지가 전혀 없는 경우인 명예훼손과 명예감각이 최고의 정도에 이른 장교 계급을 생각해보자. 명예훼손을 인내하는 장교는 더 이상 장교가 아니다. 왜 그런가? 명예를 주장하는 일은 모든 사람의 의무임에도 왜 장교 계급에게는 그 의무의 실행이 특히 중시되는가? 그 이유는 장교 계급은 그야말로 자신들에게 인격의 대담한 주장이 자기 지위 전체에 불가결한 전제가 되고 있으며, 그 성질상 인격적 용기의 체현자여야 할 자기의 계급이 동료의 비겁함을 간과하면 전체 권위가 실추될 수밖에 없다는 옳은 감각을 가지고 있기 때문이다.[6]

농민을 장교와 비교해보자. 자신의 소유물을 그 정도로 완강하게 지키는 농민이 자신의 명예에 대해서는 이상할 만큼 우둔하다. 이를 어떻게 설명할 것인가? 장교의 경우와 마찬가지로, 고유한 생존 조건에 관한 올바른 감각으로 설명할 수 있다. 즉 **농민**의 직업은 용기를 필요로 하지 않고 노동을 필요로 하는 것이고, 농민은 소유권을 수호함으로써 노동을 수호한다고 말이다.

농민의 경우, 노동과 소유권 확보는 장교의 명예에 상당한다. 자신의 밭을 제대로 경작하지 못하거나 자신의 재산을 경솔하게 낭비하는 게으른 농민은, 자기의 명예를 지키지 못하는 장교가 동료에게 경멸을 받는 것과 마찬가지로 동료 농민에게 모욕을 당하게 된다. 이에 대해 농민이 모욕을 받아도 결투에 나서지 않고 소송도 제기하지 않는다고 해서 동료 농민들의 비난을 받지 않는데, 이는 장교가 훌륭한 농장주가 아니라는 이유에서 장교 동료로부터 비난받지 않는 것과 같다. 농민에게는 경작하는 토지와 사육하는 가축이 생존의 기초이고, 따라서 경계의 2, 3피트 안쪽까지 경작한 이웃이나, 소를 판 것에 대금을 지불해주지 않는 상인에 대해서 그는 자신의 방식으로— 즉 엄청나게 격분해서 제기하는 소송의 형식으로— 권리를 위한 투쟁을 하게 된다. 이는 장교가 자신의 명예를 침해한 사람에게 칼을 들고 싸우는 것과 마찬가지다. 농민도 장교도 여기서는 맹목적으로 전력을 기울이며, 결과를 전혀 고려하지 않는다. 그들은 그렇게 하지 않고 **살아갈 수 없다**. 왜냐하면 그들은 그렇게 함으로써 윤리적인 자기보존의 법칙에 따르는 것이기 때문이다.

만약 그들을 배심원석에 앉힌 다음 먼저 장교들에게는 재산범죄

---

6 예링, 《법에서의 목적》, 2권 302~304쪽. 2판은 304~306쪽에서 더 상세하게 설명한다(원주).

를, 농민들에게는 명예훼손죄를 심판하게 하고, 이어서는 그 반대로 농민들에게 재산범죄를, 장교들에게 명예훼손죄를 심판하게 한다면, 이 두 경우의 판결은 얼마나 다를 것인가! 재산범죄에서 농민보다 더 엄격하게 심판할 사람은 없을 것이다. 그리고 내가 경험한 바는 아니지만, 나는 다음과 같이 장담한다. 즉 농민이 명예훼손의 소를 제기했다는 희귀한 경우에, 재판관은 같은 농민이 소유권을 둘러싼 소를 제기한 경우보다도 훨씬 쉽게 화해를 권해서 성공할 것이라고.

고대 로마의 농민은 손바닥으로 따귀를 맞았을 때에는 25아스를 배상금으로 받고 만족했고, 자신의 눈을 맞아 멍든 경우에도—희망한다면 가해자의 눈을 때려 멍들게 할 수도 있었지만—대화와 교섭에 응해 화해를 했다. 이에 반해 고대 로마의 농민은 절도 현행범을 붙잡았을 때 그를 자신의 노예로 삼고 그가 반항하면 죽여도 좋다는 권한을 법이 인정하도록 요구했고, 법[7]도 이를 허용했다. 전자의 경우는 농민의 명예나 신체가 해를 입은 것에 불과하지만, 후자의 경우에는 농민의 재산에 피해가 있었다는 것이 대조적인 현상을 낳은 이유다.

7 12표법을 말한다. 12표법은 로마법의 기초를 이룬 고대 로마의 성문법으로, 로마 공화정 정체의 중심이었다. 그 내용은 민사소송, 채무, 가족, 상속, 재산, 부동산, 장례, 결혼, 불법 행동, 범죄 등 다양했다. 12표법은 당시 억압받던 평민 집단이 귀족들에게서 쟁취한 정치적 성공의 좋은 예로 여겨져왔으나, 그것을 편찬한 직접적인 목적은 평민의 권리 신장이 아닌, 귀족 계급이 자신들의 기득권을 수호하려는 것으로 평가되기도 한다.

세 번째의 예로 상인의 경우를 보자. 장교의 명예, 농민의 소유권에 상당한 것이 상인의 신용이다. 상인에게 신용을 유지할 수 있는가 없는가는 사활의 문제이고, 어떤 상인에 대해 채무의 변제가 분명하지 않다고 비난하는 사람은 그 상인을 모욕하고 그 상인의 물건을 훔친 사람보다도 더 큰 타격을 가하는 것이 된다. 최근의 여러 법전이 상인이나 그에 준한 사람에 한해 경솔하고 사기적인 파산에 대해 처벌 규정을 두고 있는 것은 이러한 상인 특유의 지위를 고려한 것이다.

나는 권리감각이라고 하는 것이 권리침해의 중대함을 오로지 계급적 이익에 따라 측정한 결과, 권리감각의 민감함의 정도가 계급과 직업마다 다르다고 하는 단순한 사실을 확인하기 위해 이러한 논의를 전개하는 것은 아니다. 나에게 훨씬 더 큰 의미가 있는 진리에 올바른 빛을 비추기 위해 필요할 뿐이다. 그 진리란 모든 권리자는 자신의 권리를 지킴으로써 자신의 윤리적 생존 조건을 지킨다고 하는 명제다.

왜냐하면 앞에서 보았듯이 농민, 장교, 상인 중 어느 경우나 권리감각의 감응도가 가장 높은 것은 각각의 계급 특유의 생존 조건에 관련되는 점이지만, 그로부터 권리감각이 보여주는 반응은 통상의 격정과는 달리 기질이나 성격이라고 하는 개인적 요소에만 근거하는 것이 아니라, 하나의 사회적 요소, 즉 각 계급의 생활 목적에 당해 법제도가 결여될 수 없다는 감각에 근거한 것이기도 하기 때문이다.

권리침해가 있었던 경우에 권리감각이 어느 정도로 강력하게 발휘될 수 있는가가, 개인이나 계급, 국민이 자기의 생활 목적을 위해 권리의 의의— 권리 일반 및 구체적인 법제도의 의의— 를 어느 정도 잘 이해하는가에 대한 가장 확실한 지표다. 이 명제는 나에게 보편적적인 진리이며, 공법에도, 그리고 사법에도 적용된다. 다양한 계급이 각 존재의 본질적 기초를 형성하는 제도의 침해에 대해 민감한 반응을 보여주는 것과 마찬가지로, 여러 국가는 각각에 고유한 생존 조건을 구체화하는 여러 제도에 관해 민감하다.

국가에 있어, 민감도의 지표이자 여러 제도가 가치의 지표가 되는 것이 **형법**이다. 형법 분야의 다양한 입법은 형벌의 엄격함에 관해 놀라울 정도의 차이를 보여주는데, 그것은 주로 앞에서 말한 생존 조건의 다양성에서 유래하는 것이다. 어떤 국가든 자국에 고유한 생존 원리를 위협하는 범죄를 가장 엄격하게 처벌하고, 반면에 기타의 범죄에 대해서는 현저히 대조적으로 가벼운 형벌에 맡기고 있다.

가령 신정국가[8]는 신을 모독하거나 우상을 숭배하는 행동을 사형에 처할 만큼 중죄로 다루는 한편, 토지 경계의 이동은 단순한 경죄로 보고 있다(모세의 율법). 이에 비해, 농업 국가는 '토지경계이동죄'에 중한 형벌의 압력을 가하는 한편, 신을 모독한 사람은 지극히 가볍게 처벌했다(고대 로마법). 한편 상업 국가에서는 통화위조죄나 기타의 위조죄가, 군사 국가에서는 불복종죄나 복무규율 위반 등이, 절대주의 국가에서는 대역죄가, 공화제 국가에서는 왕정복고운동의 죄가 각각 가장 중대한 범죄이고, 다른 일반 범죄의 경

---

8 Theokratie는 '신권정치'로도 번역된다.

우와 매우 대조적으로 무거운 벌을 부과한다. 요약하자면 국가나 개인의 권리감각에 대한 반응은 고유한 생존 조건이 직접 위협당한다고 느껴지는 경우에 가장 강력한 것이 된다.[9]

어떤 계급이나 직업의 고유한 조건으로 인해, 일정한 법제도가 특히 커다란 의미를 가지고, 그 침해에 대한 권리감각의 감응도가 높아지는 것과 마찬가지로, 그러한 조건이 역효과를 초래할 수도 있다. 하층 피지배계급은 사회의 다른 계급처럼 명예감각을 갖지는 않는다. 그들의 지위는 일종의 비하를 수반하는 것이고, 그 개인들은 전체 피지배계급이 그러한 비하를 수용하는 한 이를 제거할 수 없다. 그러한 지위에 있으면서 강한 명예감각을 갖는 사람은 자기의 요구를 통상의 수준으로 내리거나, 아니면 그 일을 그만두어야 한다.

그가 갖는 느낌의 방식이 일반적인 것이 될 때 처음으로 그 개인은 자신의 힘을 무익한 투쟁에 낭비한 것이 아니라, 뜻을 함께하는 사람들과 협력해 같은 계급의 명예— 명예에 대해서는 주관적인 감각만이 아니라 사회의 여타 계급이나 입법에 따른 객관적인 승인— 를 높이는 일에 성공할 것이다. 하층 피지배계급의 지위는 최근 50년 사이에 그러한 방향으로 크게 개선되었다.

---

9 식자들이 알고 있듯이 나는 여기서 몽테스키외Montesquieu가 《법의 정신L'Esprit des lois》에서 처음으로 지적하고 정식화한 생각(이는 몽테스키외의 불후의 공적이다)을 사용한 것에 불과하다(원주).

소유권

명예에 대해 지금까지 설명한 것은 소유권에 대해서도 해당된다. 소유권에 대한 민감함, 즉 정당한 소유감각도 불건전한 사정과 상황에서는 약화되는 경우가 있다(여기서 정당한 소유감각이라고 하는 것은 영리욕, 즉 금전이나 재산을 추구하는 것이 아니라, 또 값비싼 것이라는 이유가 아니라 **자기 것**이라고 하는 이유에서 자신의 소유물을 지키는 소유자—그 전형적인 대표로 나는 앞에서 농민을 들었다— 의 단호한 정신을 말한다).

사람들은 이렇게 말하기도 한다. 즉 내가 소유하는 물건이 도대체 내 인격과 어떤 관계가 있다는 것인가? 내 물건은 생계와 영리와 향락의 수단으로 나에게 도움이 되지만, 금전을 추구해야 하는 것이 윤리적 의무가 아닌 것처럼 근소한 금액을 위해 비용과 시간을 써서 귀찮은 소송을 시작해야 하는 윤리적 의무도 없는 것이다. 내가 재산권을 주장하는 유일한 동기는 재산의 취득과 사용을 위한 나의 동기와 같은 것, 즉 나의 이익이다. 소유권을 둘러싼 소송은 순전히 이익문제다.

소유권에 대한 이러한 사고방식은 건전한 소유감각의 상실을 말하는 것이라고 나는 생각한다. 그 원인은 오로지 소유권의 자연적 관계가 변질한 점에서 파악할 수 있다. 그러나 나는 부와 사치에 책임을 물을 생각이 없다. 이러한 것들은 국민의 권리감각에 위험한 것이 아니기 때문이다. 책임을 물어야 하는 것은 바로 영리활동의 반윤리성이다.

소유권의 역사적 원천과 윤리적 근거는 바로 노동이다. 여기서 노동이라고 하는 것은 육체노동만이 아니라, 정신과 재능의 노동도 포함한다. 또 나는 일하는 사람 본인만이 아니라 상속인에게도 노동의 산물에 대한 권리를 인정한다. 즉 나는 상속권을 노동원리로부터 필연적으로 생기는 것으로 인정한다. 왜냐하면 내 생각에는 일하는 자가 스스로 향유하지 않고 생존 중이나 사망 후에 타인에게 향유하게 하는 것을 방해할 수 없기 때문이다.

여하튼 소유권은 노동과 끊임없이 연결되어 있어야만 신선한 것이자 건전한 것이 될 수 있다. 소유권을 끝없이 새로운 것으로 만들어내고 신선한 것으로 만들어내는 이 원천에서만 인간에게 소유권의 의의는 분명하게 나타난다. 그러나 소유권의 흐름이 이러한 원천에서 멀어지고 안이한, 때로는 어떤 노력도 필요로 하지 않는 영리의 들판까지 내려가면 그것은 더욱더 혼탁하게 되고, 마침내 거래소의 투기나 사기적인 주식 발행(1871~73년은 독일에서 주식회사가 난립한 시대였다)의 흙탕물 속에서 본래 모습의 흔적도 남기지 않게 될 것이다.

소유권이 갖는 윤리적 이념의 한 조각도 남지 않은 이러한 곳에서는 당연히 소유권을 지켜야 할 윤리적 의무에 대한 감각 따위는 있을 수도 없다. 왜냐하면 얼굴에 땀을 흘려 빵을 얻어야 하는 사람들 모두가 갖는 소유감각은 여기서는 전혀 이해되지 않기 때문이다. 이와 관련해 가장 나쁜 것은, 그러한 이유로 생겨난 반윤리적인 생활 기풍이나 습관이 유감스럽게도 타인과 접촉조차 하지 않으면 전혀 인연이 없을 사회에까지 확대된다는 것이다.[10]

투기로 거대한 부를 축적한 것을 눈앞에서 보면, 초가집의 주인도 나쁜 영향을 떨치지 못하고, 본래 스스로의 경험에서 노동의 혜택을 느껴야 할 사람이 그러한 공기에 중독되어 노동을 저주하는 것밖에 생각할 수 없게 된다. 이처럼 소유권의 이념이 상실된 흙탕물에서만 공산주의는 번식할 뿐, 소유권 흐름의 원천에서는 아직 그 모습도 보이지 않는다.

사회의 지배적 부분이 갖는 소유 관념이 다른 부분에도 미친다고 하는 현상은, 농촌의 경우 전혀 반대로[11] 나타나는 것임을 지금도 볼 수 있다. 농촌에 계속 거주하면서 농민들과 조금이라도 사귀게 되면, 자신의 처지나 성격에서 그렇게 되리라고 말할 수도 없는 경우에도 무의식중에 농민적인 소유감각과 절약을 무엇인가 몸에 익히게 될 것이다. 마찬가지로 평균적인 사람이 농촌에서는 농민과 같이 근검절약하게 되고, 빈과 같은 도시에서는 백만장자와 같은 낭비자가 된다.

그 목적물의 가치에 자극을 받아 부득이하게 되지 않는 한 항상 안일함을 추구하며 권리를 위한 투쟁을 회피하려고 하는 이완된 태도가 어디에서 오든지 간에, 우리에게 중요한 것은 그러한 태도의 존재를 인식하고, 그 실태를 분명하게 밝히는 것이다. 그것을 설교하는 실용적 처세훈은 비겁한 사람의 술책과 다를 바 없다. 전선

---

10 이 흥미로운 보기는 주로 학생들 덕분에 성립하는 독일의 작은 대학촌이다. 돈의 사용 방식에 관한 학생들의 기풍과 버릇은 지금도 마을 사람들 사이에 널리 퍼져 있다(원주).

11 즉, 건전한 소유권의 일반화로

을 이탈하는 비겁한 사람이라고 해도 다른 사람들이 희생하는 것, 즉 자신의 생명을 구하기는 한다. 그러나 그 비겁한 사람은 그 대신 자신의 명예를 상실한다. 다른 사람들이 자기 입장을 고수하는 경우에만 그 자신도 국가공동체도 그가 한 행동의 당연한 결과인 멸망을 면할 수 있기 때문이다. 모두가 그와 같이 생각했다면 모두가 패배자가 되어버릴 것이다.

비겁하게 권리를 포기하는 것에 대해서도 똑같이 말할 수 있다. 그것은 개개인의 행동으로서는 피해가 없지만, 행동의 일반적 격률에까지 다다른다면 권리의 몰락을 의미하게 된다. 이 경우에도 언뜻 보아 그러한 행동이 피해가 없다고 여겨지는 것은, 그것이 일반적으로 불법에 대항하는 권리를 위한 투쟁과 직접적인 관계를 맺지 않기 때문이다. 권리를 위한 투쟁은 개인의 과제에 그치지 않고, 발전한 나라에서는 대대적으로 국가권력의 과제로 인식된다.

국가권력은 개인의 권리, 즉 생명과 신체와 재산에 대한 모든 중대한 침해 행동을 스스로 소추하고 처벌한다. 경찰과 형사재판관이 권리주체의 모든 일 가운데 가장 중요한 부분을 처음부터 인수하는 것이다. 그뿐만이 아니다. 오로지 개인이 소추해야 하는 민사상의 권리침해에 대해서도 부득이하게 투쟁이 단념되지 않도록 국가권력이 배려하고 있다. 모든 사람이 비겁한 길을 걸어간다고는 할 수 없고, 비겁한 사람이라고 해도 최소한 아무것도 하지 않는 안일함에 비해 소송물 가치 쪽이 크다고 생각될 때에는 투쟁에 나서기 때문이다.

여기서 권리주체에게 경찰이나 형사사법이라고 하는 뒷받침이 없어진 상태를 생각해보자. 고대 로마에서처럼, 절도나 강도의 범인에 대한 수색이 오로지 피해자의 임무였던 시대로 되돌아가보자. 이 경우 권리의 포기가 어떤 결과를 초래하는지를 모르는 사람이 있을까? 절도와 강도의 기를 더욱 살려주는 것밖에 안 되지 않는가? 이와 완전히 같은 상황은 국제관계에도 해당된다. 거기에서는 어떤 국민도 자신밖에 의지할 데가 없고, 자기의 권리주장을 대신해 받아줄 상위 권력 따위는 존재하지도 않는다.

불법에 대한 저항이 소송물의 물질적 가치에 따른다고 생각하는 인생관이 국제문제에서 갖는 의미를 분명하게 하기 위해서는 앞서 말한 1제곱마일의 보기를 생각해보면 충분하다. 그리고 어디에서도 전혀 실험될 수 없고, 필연적으로 권리의 해소와 소멸을 초래하는 명백한 격률은, 예외적으로 유리한 상황으로 인해 불행한 결과가 초래되지 않고 끝나는 경우에도 옳다고는 말할 수 없다. 그러한 격률이 비교적 유리한 상황에서도 보이는 유해한 영향에 대해서는 뒤에서 설명할 기회가 있을 것이다.

따라서 우리는 이러한 격률을 배척하도록 하자. 건전한 권리감각을 갖는 한, 어떤 국민도 개인도 자신의 윤리로 삼은 적이 없는 이러한 안일의 윤리를 배척하도록 하자. 그것은 병든 권리감각이나 마비된 권리감각의 징표이자 산물이다. 그것은 권리의 영역에 있는 극단의 노골적이고 적나라한 물질주의일 뿐이다. 물질주의라고 하는 것도 권리의 영역에서는 충분히 정당화될 수 있지만, 그것도 일정한 한도 내에서다. 분명히, 권리의 취득과 행사, 모든 객관적인 불법 시의 권리주장조차도 순수한 이익문제라고 할 수 있다.

이익은 주관적 의미의 레히트가 지닌 실질적 핵심이다.[12]

그러나 권리에 반하는 짓을 하는 자의에 직면해서는, 권리의 문제를 이익문제와 혼동하는 물질주의인 사고방식을 정당하다고 인정할 수 없게 된다. 명백한 자의가 권리에 가하는 일격은 권리에 대한 것과 동시에, 권리에 체현되어 있는 인격에 대한 것이기도 하기 때문이다.

권리의 목적물이 무엇이든 간에, 단순히 우연하게 어떤 물건이 내 권리의 목적이 되었다면, 내 인격을 침해하지 않고 그것을 빼앗아간다고 한들 내 권리에 침해가 초래되지는 않을 것이다. 그러나 물건과 나를 연결하는 것은 우연이 아니라 내 의사이고, 이러한 의사는 나 자신이나 타인의 노동에 근거해 생겨난 것이다. 내가 그 물건을 소유하고 주장하는 것은 나나 타인이 과거에 행한 노동의 일부다. 나는 그 물건을 내 것으로 삼음으로써 그 물건에 내 인격을 새기게 된다. 따라서 이 물건을 침해하는 자는 내 인격을 침해하는 것이 되고, 그 물건에 가해진 타격은 물건의 형태를 취하고 있는 나 자신에게 가해지는 것이다. 소유권이란 물건 위에 확대된 내 인격의 외연일 뿐이다.

권리와 인격 사이의 이러한 관련성은 어떤 종류의 권리에도 다른 어떤 것과도 비교할 여지가 없는 가치를 부여한다. 나는 이러한 가치를 이익의 견지에서 권리가 가진 순수한 물질적 가치와 대비해 **이념적 가치**라고 부르고 싶다. 권리주장 시에 보는 헌신적 태도

---

12   예링,《로마법의 정신》, 앞의 책, 3권 60절(원주).

와 정력의 투입은 이러한 이념적 가치에서 나온다. 권리를 이념적인 것으로 인식하는 것은 결코 고급 인사의 특권 따위가 아니라, 교육을 받지 못한 사람도 교양인도, 부자도 빈민도, 야만인도 문명인도 이러한 사고방식을 몸에 익힐 수 있다. 그것은 이상주의가 권리의 본질에 깊이 뿌리내리고 있다는 사실을 무엇보다도 웅변한다. 이러한 이상주의야말로 건전한 권리감각인 것이다.

그러므로 인간을 오로지 저차원의 이기주의와 타산의 세계로 낮추는 권리라는 것이, 한편으로는 인간을 이념의 높이로 향하게 하고, 여기서 인간은 과거에 배운 모든 억지와 타산을, 또한 모든 것을 측정하는 효용의 척도를 잊고 오로지 이상을 향해 나아간다. 순수한 재물 세계의 권리를 무미건조한 산문에 비유한다면, 인격 세계의 권리는 인격의 주장을 목적으로 하는 권리를 위한 투쟁을 통해 고상한 시가 된다. **권리를 위한 투쟁은 품격의 노래다.**

권리감각의 병리학

그렇다면 이러한 모든 기적을 행하게 하는 것은 무엇인가? 그것은 지식도 교양도 아니고 단순한 고통감각이다. 고통이란 위협당한 생명이 구제를 요구하는 절규다. 그것은 육체로서의 생명체에 대해서만이 아니라, 윤리적인 존재로서의 생명체에 대해서도 말할 수 있는 것이다. 의사에게 인체의 병리학이 불가결한 것처럼, 법률가나 법철학자에게는 권리감각의 병리학이 불가결하다. 더욱 정확하게 말하자면, 불가결해야 한다. 이미 불가결하게 되었다고 말하는 것은 틀린 말이기 때문이다.

이러한 병리학은 권리에 관한 모든 비밀을 분명히 밝혀준다. 자신의 권리를 침해당한 인간은 고통을 느끼는데, 이는 권리가 자신에게—먼저 자기에게, 그리고 인간 사회 일반에—무엇인가에 대한 권리침해에 의해 본능적으로 강인하게 유발된 반응이다. 이 짧은 순간, 격정이라고 하는 형태를 취해, 즉 권리의 참된 의의와 참된 본질에 관한 직접적 감각이라고 하는 형태를 취해, 오랫동안 권리를 향유하면서는 알 수 없었던 많은 것이 선명해진다.

권리가 침해되면 자신이나 타인이 얼마나 큰 고통을 받는지 경험한 적이 없는 사람은,《로마법대전》전권을 암기하고 있다고 해도 권리가 무엇인지 안다고는 말할 수 없다. 이해력이 아니라 감각만이 권리가 무엇인지를 아는 데 도움이 된다. 따라서 모든 권리의 심리적 원천이 일반적으로 권리**감각**이라고 불리는 것은 옳다.

이에 반해 권리**의식**이라든가 권리**확신**과 같은 용어는 학자들이 만든 추상적 개념으로, 일반 국민에게는 잘 알려져 있지 않다. 권리의 힘은 사랑의 힘과 마찬가지로 전적으로 감각에 근거한다. 이해력과 통찰력도 감각을 대신할 수 없다. 그러나 사랑이 종종 자각되지는 않지만, 분명히 의식되기에는 한순간으로 충분하듯이, 권리감각도 침해되지 않은 상태에서는 자기의 존재와 내용을 자각하지 못한다. 권리침해라고 하는 시련이 물음을 던질 때 비로소 권리감각의 존재와 내용이 자각되고, 진실이 나타남과 동시에 힘이 보이게 된다. 그 진실이 무엇인가에 대해서는 이미 앞서 설명한 대로다.

권리는 인격의 윤리적 생존 조건이고, 권리의 주장은 인격 자신의 윤리적 자기보존이다.

권리감각이 자신에게 가해진 침해 행동에 대해 실제로 어느 정도로 강하게 반응하는지는 권리감각의 건전함을 판단하는 시금석이다. 그것은 단순한 고통이 아니다. 권리감각이 받는 고통의 정도는 위험에 처한 가치를 얼마나 크다고 생각했는가를 권리감각 자체에 가르쳐준다. 느끼고 있는 고통을 위험으로부터 몸을 지키라는 경고로 받아들이지 않고, 고통을 인내하면서 일어서지 않는다면, 권리감각을 부정하는 일이다. 그러한 태도도 사정에 따라서는 용인해야 할 경우가 있을지도 모른다. 그러나 그것이 오래 지속되면 권리감각 그 자체에 마이너스가 될 수밖에 없다. 왜냐하면 권리감각의 본질은 행동에 있기 때문이다. 행동이 뒤따르지 않는다면 권리감각은 위축되고 차차 둔감해져 마침내 고통을 거의 느끼지 않게 되어버린다. 권리감각의 민감함, 즉 권리침해의 고통을 느낄 수 있는 능력과 행동력, 즉 권리에 대한 공격을 물리치는 용기와 결의가 건전한 권리감각의 존재를 보여주는 두 가지 지표일 것이다.

권리감각의 병리학이라고 하는 이 흥미롭고도 소득이 많은 주제에 대해 깊이 논의하는 것은 여기서 중단하지만 약간의 시사점은 적어두고자 한다.

권리감각에 민감한 정도는 모든 개인에게 동일하지 않고, 개인이나 계급, 국민이 자신의 윤리적 생존 조건으로서의 권리의 의의 — 권리 일반의 의의만이 아니라 개별 법제도의 의의— 를 어떻게 받아들이는가에 따라 약화되기도 하고 강화되기도 한다. 이는 소유권과 명예에 관해 이미 논증한 대로다. 제3의 예로서 결혼을 더할 수 있다. 다양한 개인, 국민, 입법이 간통에 대해 취하는 태도는 좋은 고찰거리가 될 것이다.

권리감각의 제2 요소인 행동력은 전적으로 품격의 문제다. 어떤 인간이나 국민이 권리를 침해당할 때 취하는 태도는, 그의 품격을 평가하는 가장 확실한 시금석이다. 품격이라는 것이 완전무결한, 자기주장을 수반한 인격을 의미한다고 하면 자의가 권리를 침해함과 동시에 인격도 침해하는 경우야말로 품격의 유무를 결정하는 절호의 기회가 될 것이다. 침해된 권리감각과 인격감각이 침해에 대해 보이는 반응은, 격정에서 유발된 거칠고 격렬한 행동의 형태를 취하든, 아니면 온건하지만 지속적인 저항이라는 형태를 취하든, 권리감각의 강함과는 무관하다.

따라서 전자는 야만인이나 교육받지 못한 사람에게 통상 나타나는 반응이지만, 그렇다고 해 그들이 후자의 반응을 보이는 교양인보다 활발한 권리감각을 갖는다고 생각하는 것만큼 커다란 오류는 없을 것이다. 많든 적든 교양과 기질에 따라 어떤 반응을 보이는지가 결정되는 것에 불과하다. 이 둘, 즉 거칠고 열렬하며 정열적인 저항과 단호하고 불굴의 지속적인 저항 사이에 우열은 없다. 만일 그렇지 않다면 곤란한 일이 될 것이다. 양자가 똑같지 않다면, 개인과 국민도 높은 교양을 몸에 익히면 익힐수록 권리감각을 상실해 간다는 의미가 되기 때문이다.

역사와 시민생활을 일별하면 그렇지 않음을 바로 알 수 있다. 이와 마찬가지로 빈부의 차이도 권리감각의 강약을 결정하는 요인이 아니다. 부자와 빈민이 각각 사용하는 가치척도가 매우 다르다는 것은 사실이지만, 위에서 말했듯이 그 척도는 권리가 무시된 경우에는 전혀 사용되지 않는다. 왜냐하면 이 경우에는 물건의 물질적 가치가 아니라 권리의 이념적 가치, 즉 재산을 향한 권리감각의 강도와 관련되는 것이고, 재산이 아니라 권리감각이 결정 요인이기 때문이다.

이를 가장 잘 증명해주는 사례가 바로 영국 국민이다. 부유함은 그들의 권리감각을 약화하지 않는다. 영국 국민의 권리감각이 사소한 소유권 문제에 대해서 어느 정도로 강력하게 나타나는지, 우리는 대륙을 여행하는 영국인의 전형적인 모습으로 잘 알 수 있다. 영국인 여행자는 숙소 주인이나 고용된 마부가 바가지요금을 씌우려고 하면, 마치 영국 전통의 권리를 지키듯이 단호하게 맞선다. 필요하다면 출발을 미루고 며칠이나 같은 마을에 머물면서 자신이 지불하기 거절했던 액수의 10배나 더 많은 돈을 쓰는 것이다. 우리 독일 민족은 이를 비웃을 뿐 유감스럽게도 영국인의 마음을 제대로 이해하지 못한다. 사실은 영국인이 지키고자 하는 2, 3굴덴의 돈에는 정말 과거의 영국 모습이 깃들어 있다. 그런 만큼 그들의 조국 영국에서는 누구나 이를 이해하고, 따라서 가볍게 속임수를 써서 높은 대금을 뜯어내려는 행동 따위는 생각하지 않는다.

이에 반해 그 영국인과 같은 지위나 재산을 가진 오스트리아인이 동일한 상황에 있다고 해보자. 그는 어떻게 행동할까? 이 경우에 내 경험을 적용해도 된다면, 백 명의 오스트리아인 가운데 영국인과 같은 방식을 취하는 사람은 10명도 없을 것이다. 그 밖의 대부분 사람은 귀찮은 분쟁이 시작된다는 것, 세간의 눈총을 받는다는 것, 오해받을 소지가 있다는 것(그것은 영국인이라면 절대 생길 수 없는 오해이고, 따라서 대륙을 여행하는 영국인은 그런 오해를 받는 것에 전혀 신경 쓰지 않는다)을 느낀다. 요약하자면 그들은 요구하는 대로 지불하는 것이다.

그러나 영국인은 지불을 거부하고 오스트리아인은 지불하는 이 차이에는 보통 생각하는 것보다도 많은 것이 포함되어 있다. 즉 그 중에는 영국 내지 오스트리아의 일부가 깃들어 있고, 몇 세기에 걸친 각각의 정치적 발전과 사회생활이 새겨져 있다.[13]

---

13 이 부분을 읽을 때 이 책의 토대가 된 강연이 빈에서 이루어졌음을 잊지 말기 바란다. 빈에서는 영국인과 비교할 상대로 오스트리아인을 드는 것이 가장 간편하다. 그러나 이 비교가 여러 방면에서 감정을 해치고 곡해를 초래했다. 나는 독일인으로서 우리의 형제인 오스트리아인에 대해 따뜻한 마음을 가지고, 오스트리아인의 권리감각을 증진하기 위해 다소의 기여를 하고 싶다는 마음으로 본문에서 오스트리아인을 비교 상대로 삼았다. 그러나 그 마음을 이해하지 못하고 마치 내가 오스트리아인에게 우호적이지 않은 태도를 취하는 것처럼 설명하는 사람들이 있다. 그러나 나는 그런 태도와 거리가 먼 사람이다. 4년간 빈대학교의 교단에 서면서 그런 태도를 취한 적이 없고, 오히려 깊은 감사의 마음을 품고서 빈을 떠났다. 나는 본문의 서술에 대한 내 동기와 마음이 오스트리아 독자에게 올바르게 평가되리라고 믿는다(원주).

지금까지 나는 앞서 제기한 두 가지 명제 중 첫 번째, 즉 권리를 위한 투쟁은 권리자 자신에 대한 의무라는 명제를 논의했다. 이제부터는 두 번째 명제, 즉 권리의 주장은 국가공동체에 대한 의무라는 명제를 검토해보기로 한다.

이 명제에 대한 기초를 확립하기 위해 객관적 의미의 레히트(법)와 주관적 의미의 레히트(권리)의 관계를 좀 더 상세히 살펴볼 필요가 있다. 그 관계의 본질은 무엇인가? 내가 법은 권리의 전제 조건을 형성하고, 구체적 권리는 추상적인 법규에 따라 권리의 전제 조건으로 명시된 요건이 충족되고 있는 경우에만 존재한다고 말하면, 이는 널리 퍼져 있는 생각을 충실하게 전하는 것이 될 것이다.

통설에 따르면, 법과 권리의 상호관계는 이것으로 끝이다. 그러나 이러한 견해는 전적으로 일면적인 것에 불과하다. 왜냐하면 그것은 오로지 구체적인 레히트(권리)가 추상적인 레히트(법)에 의존한다는 것을 강조할 뿐이고, 전적으로 반대인 의존관계도 마찬가지로 성립한다는 점을 간과하기 때문이다.

구체적인 권리는 단순히 추상적 법으로부터 생명과 힘을 **얻을** 뿐 아니라, 추상적인 법에 생명과 힘을 **되돌려**주기도 한다. 법의 본질은 실제로 실행된다는 점에 있다. 실행되지 않는 법규범, 실행되지 못하게 된 법규범은 더 이상 법규범으로 불릴 자격이 없다. 그것은 법이라고 하는 기계장치 속에서 작동하지 않게 된 나사에 불과하다. 따라서 이를 빼내버려도 아무런 변화가 생기지 않는다. 실행을 수반하지 않는 법규범은 그렇게 불릴 가치가 없다고 하는 이 명제는 어떤 법 분야에서도, 즉 헌법에서도 형사법에서도 민사법에서도 그대로 적용된다.

로마법은 법률이 행해지지 않고 있는 경우, 그 폐지의 원인을 통해 이 명제에 대해 명시적인 구속력을 부여했다. 이에 대응해 로마법에서는 구체적인 권리도 계속적으로 불행사non-usus하면 소멸하는 것으로 보았다. 그런데 공법과 형법의 법적 실행이 **국가기관의 의무**가 되는 것에 반해, 사법의 사적 실행은 **사인**私人의 권리가 되었다. 즉 사인의 발의와 자주성에 맡겨진다.

전자에서 법률은 국가의 관청과 관리가 자기 의무를 이행함으로써 실행되지만, 후자에서 법률은 사인이 자기의 권리를 주장함으로써 실행된다. 사인이 어떤 사정 때문에— 즉 자신이 권리를 갖고 있음을 모르거나 안일하거나 비겁해서— 언제까지라도 권리주장을 전혀 하지 않고 있다면 법규는 실제로 위축된다.

따라서 다음과 같이 말할 수 있다. 사법상 법규의 실효성, 그 실제적 효력은 구체적인 권리를 주장함으로써 그 주장을 분명하게 함에 따라 나타난다. 그리고 권리는 한편으로는 자신의 생명을 법률에서 받아들이면서, 다른 한편으로는 그 반대로 법률에 생명을 부여한다. 객관적이고 추상적인 법과 주관적이고 구체적인 권리의 관계는 심장**에서** 흘러나와 심장**으로** 되돌아가는 혈액순환에 비유할 수 있다.

공법상의 법규가 어떻게 실행되는가 하는 문제는, 관리가 어느 정도로 의무에 충실한가에 달려 있고, 사법상의 법규가 어떻게 실행되는가 하는 문제는 권리자로 하여금 자신의 권리를 주장하게 하는 동기의 강력함, 즉 그의 이익과 권리감각의 정도에 달려 있다. 이러한 동기가 기능하지 않는 경우, 즉 권리감각이 둔해지고, 이익 문제는 안일해지고 분쟁을 기피하게 만들며, 소송의 두려움을 이겨낼 만큼 강력하게 되지 못한 경우, 결국 그 법규는 적용되지 못하는 결론에 이른다.

그러나 왜 그래서는 안 되는 것인가라고 묻는 사람이 있을 것이다. 권리자 자신을 제외한다면, 누구도 곤란한 사람은 없다는 이유에서다. 이에 대해 앞서 언급한 전선 이탈의 예를 다시 사용하고자 한다. 수천 명의 병사가 싸워야 하는 곳에서 한 사람이 도망을 쳐도 다른 사람들은 전혀 알아채지 못한다. 그러나 천 명 가운데 백 명이 전선을 이탈한다면, 충실하게 자기 자리를 계속 지킨 병사들의 상황은 점차 악화되어 자신들만으로 모든 전선을 유지해야 하는 상황에 놓인다.

이러한 비유는 우리 문제의 참된 모습을 분명히 밝히는 데 도움이 될 것이다. 사법의 분야에서도 불법에 대한 권리의 투쟁, 그리고 모든 국민이 힘을 합친 투쟁이 중요하고, 그 투쟁에서는 모든 사람이 확고하게 단결해야 한다. 여기서도 도망자는 모두의 문제에 대해 배신하는 것이 된다. 왜냐하면 도망자는 적들의 사기와 오만함을 높여 적의 힘을 더욱 강하게 만들기 때문이다. 자의와 무법이 뻔뻔하게 고개를 치켜드는 것은, 언제나 법률을 방위해야 할 임무를 진 사람이 자신의 의무를 수행하지 않았다는 분명한 징표다.

그리고 사법에서는 누구나 각각의 입장에서 법률을 방위하고 자신의 자리에서 법률의 수호자이자 집행자로서의 역할을 수행해야 할 임무를 진다. 그에게 주어진 구체적 권리는 자기 이익의 범주 속에서 법률을 위해 나서고 불법과 맞서는 권한으로, 국가가 부여한 것이라고 볼 수 있다. 이는 관리에게 부과되는 무조건적이고 일반적인 요청과는 반대되는, 조건이 붙는 개별적 요청이라 할 수 있다.

자기의 권리를 주장하는 사람은, 그 좁은 범위 안에서 **법 일반**을 방위하는 것이 된다. 따라서 그의 행동의 이익과 결과는 그 개인에게 한정되지 않고, 훨씬 더 넓은 범위에 미친다. 이러한 행동과 결합되는 공공의 이익은 단순히 법률의 권위와 존엄이 유지된다는 이념적 차원에 그치지 않는다. 그것은 이념적인 것을 전혀 이해하지 못하는 사람이라도 느끼고 이해할 수 있는 지극히 현실적이고 실제적인 이익, 즉 누구나 나름 관심을 갖는, 확실한 사회생활 질서가 보장되고 유지되는 이익이다.

설령 고용인이 더 이상 피고용인에게 취업 규칙을 적용하는 것을 포기하거나, 채권자가 더 이상 채무자의 재산을 압류하려고 하지 않거나, 구매자들이 더 이상 정확한 무게 달기와 공정 가격의 준수를 요구하려 하지 않는다면, 법률의 이념적 권위가 위협받는 것에 그치지 않는다. 이로 인해 시민생활의 현실적 질서가 희생되고, 생각하고 싶지도 않은 결과가 어디까지 미칠지 알 수 없을 정도가 되어버린다.

가령 신용제도 전체가 치명적인 타격을 입을지도 모른다. 왜냐하면 내 명백한 권리를 실행하기 위해 싸움과 논쟁을 각오해야 하는 경우, 나는 가능하다면 그것을 회피하려 하기 때문이다. 따라서 국내에서 신용을 제공하는 대신, 내 자본을 외국으로 옮겨서 필요한 물품을 국내가 아니라 외국에서 조달하게 된다.

이러한 사정 때문에 법률을 준수하고자 하는 용기를 가진 소수의 운명은 고난으로 가득 차게 된다. 스스로를 자의에 승복하는 것을 허용하지 않는 강인한 권리감각은 그것을 갖는 사람에게 그야말로 재앙을 초래한다. 그들은 본래 동료여야 할 사람 모두로부터 버림받고 일반의 무관심과 비겁함에 의해 확대된 무법질서에 홀로 맞서게 된다. 겨우 자기 자신에게 충실했다고 하는 **자기**만족밖에 얻지 못하는데도 그들은 엄청난 희생을 지불한다. 하지만 돌아오는 것은 언제나 세상의 칭찬이 아닌 조롱뿐이다.

그러한 참담한 상태를 초래한 책임은 법률을 위반한 사람들이 아니라, 법률을 지키고자 하는 용기를 갖지 못한 사람들에게 있다. 불법적으로 권리가 추방된 경우, 고발해야 하는 것은 불법이 아니라 이를 허용한 권리다. '불법을 저지르지 마라'와 '불법에 굴복하지 마라'라는 두 가지 명제가 사회생활에서 갖는 각각의 실제적 의의를 평가해야 한다면, 나는 무엇보다도 '불법에 굴복하지 마라'를 첫 번째 원칙으로 삼겠다. 이것은 이념적인 것을 전혀 이해하지 못하는 사람이라도 느끼고 이해할 수 있는 지극히 현실적이고 실제적인 이익, 즉 누구나 나름 관심을 갖는, 확실한 사회생활 질서가 보장되고 유지되는 이익이다. '불법을 저지르지 마라'는 그다음 원칙으로 삼겠다. 왜냐하면 인간의 본성에서 본다면, 권리자로부터 확고한 저항을 받게 된다는 확실한 예상이, 원칙적으로 윤리적 명령으로서의 힘을 갖는 것에 불과한 명령보다도 불법을 멈추게 할 가능성이 크기 때문이다.

지금까지 설명한 바를 고려했을 때 공격받은 권리를 지키는 것은 권리자 자신에 대한 의무일 뿐 아니라 국가공동체에 대한 의무라고 주장한다면 지나친 것인가? 앞에서 말했듯이 권리자는 **자신**의 권리를 지킴으로써 동시에 법률을 지키는 것이고, 법률을 지킴으로써 동시에 국가공동체의 불가결한 질서를 지키는 것이라고 말할 수 있다면, 권리자는 국가공동체에 대한 의무로 권리를 지켜야한다고 말하지 못할 이유가 있는가?

국가공동체가 개개인에게 생명과 신체를 걸고 외적과 싸우라고 명령하는 것이 허용된다면, 즉 누구나 외적에 대해 공동의 이익을 지켜야 할 의무가 있다고 한다면, 같은 말을 국내에서도 할 수 있지 않은가? 외부의 적에 대한 것과 마찬가지로 내부의 적에 대해서도 모든 사려 깊은 사람과 용기 있는 사람이 결집해 단결해야만 하지 않는가? 외적과의 투쟁 시에 비겁한 전선 이탈이 공동의 임무에 대한 배신이라고 한다면, 국내의 마찬가지 행동에 대해서도 같은 비난을 해야 하지 않는가?

한 나라에서 법과 정의를 구현하기 위해서는, 재판관이 언제나 재판관석에서 기다리거나, 경찰이 형사를 파견하는 것만으로 충분하지 않고, 누구나 각자의 역할을 수행해야 한다. 자의와 무법이라고 하는 히드라의 머리가 그 모습을 나타낼 때, 누구나 그것을 베어야 할 사명과 의무가 있다. 권리라는 혜택을 받는 사람은 누구나 법률의 힘과 위신을 유지하기 위해 공헌해야 한다. 요약하자면 **누구나 사회의 이익을 위해 권리를 주장하도록 태어난 투사다.**

이러한 나의 견해에 따라, 자기의 권리를 주장한다는 개인의 사명이 얼마나 고귀한 것이 되는지는 말할 필요도 없다. 종래의 이론이 법률에 대해 전적으로 일방적이고 수동적일 뿐인 태도에 만족하라고 설명해온 것에 비해, 나는 여기서 상호관계, 즉 권리자가 법률 서비스를 받는 대신 그것에 대해 완전한 반응을 하는 관계에 있다고 설명한다. 이는 커다란 국민적 임무에 대한 협력을 의미한다. 즉 국민적 임무가 개별 권리자에게 참여의 사명을 부여하는 것이다. 권리자 자신이 협력할 생각인지의 여부는 전혀 문제가 되지 않는다. 왜냐하면 윤리적 사회질서가 위대하고 숭고한 이유는, 그것을 **이해하는** 사람의 봉사만을 염두에 두는 것이 아니라, 그 명령을 이해하지 못하는 사람도 무의식중에 협력할 수 있도록 효과적인 수단을 충분히 갖는 데 있기 때문이다.

가령, 윤리적 사회질서는 인간을 결혼시키기 위해 어떤 사람에게는 모든 인간 본능 가운데 가장 고귀한 것을, 다른 사람에게는 조잡한 관능적 쾌락을, 제3자에게는 안일함에 대한 욕구를, 제4자에게는 물욕을 작용시킨다. 그러나 이러한 동기는 모두 윤리적 제도로서의 결혼으로 이끄는 것이다. 마찬가지로 권리를 위한 투쟁에서도 어떤 사람은 냉철하게 계산된 이익으로, 다른 사람은 권리를 침해당한 고통으로, 또 다른 사람은 의무감이나 법과 권리의 이념 자체로 인해 격투장으로 불려나가지만 그들은 누구나 공동의 업무, 즉 자의에 대한 투쟁을 위해 손을 맞잡는다.

마침내 우리는 권리를 위한 투쟁의 이상적인 정점에 이르렀다. 우리는 이익이라고 하는 낮은 동기로부터 시작해 인격의 윤리적 자기보존이라고 하는 더 높은 관점에까지 이르렀고, 마침내 국가 공동체의 이익을 위한 법과 권리의 이념을 실현하기 위해 개인의 협력이라고 하는 최고의 지점에 도달했다.

나의 권리가 침해되고 부인되면 법 **일반**이 침해되고 부인되며, **나**의 권리가 방위되고 주장되고 회복되면 법 **일반**이 방위되고 주장되며 회복된다. 이를 통해 자기 권리를 위한 권리주체의 투쟁은 얼마나 큰 의의를 확보하는 것인가! 권리에 대한 이러한 보편성으로 인해 이념적인 관심의 높이에서 바라볼 때 전적으로 개인적인 영역, 즉 무지한 무리의 눈에는 권리분쟁의 유일한 원동력으로 비치는 개인적인 이익과 목적과 정열의 들판은 얼마나 낮은 곳에 있는 것인가!

그렇지만 그 높이가 너무나 높아서 법철학자만이 인식할 수 있는 법과 권리의 이념을 위해 소송을 제기하는 사람은 없다고 말하는 사람도 있을지 모른다. 이러한 견해를 반박하기 위해 로마법을 원용하려 한다. 로마법에서는 위와 같은 이념적 감각이 실제로 존재했음을 공중소권[1]이라는 제도를 통해 분명하게 알 수 있다.

그러나 현대에는 이러한 이념적 감각이 없다고 단정하는 것은 부당할 것이다. 자의로 인해 타인의 권리가 유린되는 것을 목격하고 격분해서 윤리적 분노를 느끼는 사람은 누구나 그러한 이념적 감각을 갖고 있는 것이다. 왜냐하면 자기가 당한 권리침해가 야기한 권리감각에는 이기적 동기도 혼재하는 반면, 이념적 감각은 오로지 법과 권리의 이념이 인간의 마음에 미치는 윤리적인 힘에만 근거하기 때문이다. 이는 권리 모독에 대한 강력한 윤리적 감각의 항의로서, 권리감각의 존재 증명 가운데 가장 아름답고 고귀한 것이다.

　이는 심리학자의 관찰에도, 작가의 창조력에도 매력적이고 시사점이 많은 윤리적 반응이라고 할 수 있다. 내가 아는 한, 이 정도로

1　법을 잘 모르는 독자들을 위해 설명하자면, 공중소권(Actiones Populares, Popular-klagen — '민중소권'으로 번역되기도 한다 — 옮긴이)에 따라 희망하는 사람은 누구나 법률의 대변자로 등장해서 법률을 침해한 사람에게 책임을 추궁하는 기회를 얻었다. 가령 공공 도로의 이용이 방해된 경우와 같이, 원고의 이익을 포함한 모든 시민의 이익이 문제되는 경우만이 아니라, 자기 자신을 잘 지키지 못하는 사인에 대해 저질러진 불법에 관해서도 제3자에게 이러한 공중소권이 인정되었다. 그러한 불법으로는 가령 미성년자에게 손해를 가하는 법률행위, 피후견인에 대한 후견인의 배신 행동, 폭리적 이자 등을 들 수 있다. 이 주제에 대해서는 예컨, 《로마법의 정신》, 3권 1부, 3판 111쪽 이하를 참조하라. 이러한 공중소권은 자신의 이익이 전혀 문제되지 않음에도, 권리는 권리라고 하는 이유만으로 지켜야 한다는 이타적인 이념적 감각을 요구하는 것을 포함한다. 이러한 종류의 소권 중에는 피고로부터 받은 징벌금(우리의 위자료에 해당된다 — 옮긴이)이 원고의 것이 된다, 지극히 평범한 실리적 욕망에 근거한 것도 없었던 것은 아니지만, 바로 그러한 이유로 소권은 — 더욱 정확하게 말하자면 그러한 소권의 행사를 직업으로 하는 것은 — 오명을 수반하는 것으로, 현대의 사례금을 기대하는 밀고의 경우와 같다. 위에서 말한 제2종류의 소권(순수하게 이타적인 것)의 대부분은 일찍이 후기 로마법에서 소멸했고, 제1종류(원고를 포함해 모든 시민의 이익을 위한 것)도 우리의 현행법에서는 볼 수 없게 되었으나, 이로부터 독자들은 다음과 같은 결론, 즉 그러한 소권을 추구한 공공심이라고 하는 전제가 없어졌다는 결론을 내릴 수 있을 것이다(원주).

크고, 갑작스러운 변화를 인간에게 초래한 격정은 두 번 다시 없다. 왜냐하면 가장 온화하고 타협적인 사람들조차 상식적으로는 생각할 수 없는 정열을 보여주게 되기 때문이다. 이는 그들이 자신들 속에서 가장 고귀한 것인, 자신들의 본질적인 핵심에 닿는 일격을 받았다는 증거다. 그것은 윤리의 세계에 나타나는 우레와 같은 현상이다. 그 모습은 숭고하고 훌륭하다고밖에 말할 수 없다. 즉 돌연히, 어떤 사전 접촉도 없이 직접 격렬하게 나타나고, 모든 것을 잊게 하며, 모든 것을 굴복시키는 윤리적인 힘의 지배다. 게다가 그것은 충격을 주면서 분노를 진정시키고 동시에, 윤리적 향상을 초래한다.

이념적 감각을 보여준 주체에도, 세계에도 이것은 탁해진 공기를 윤리적으로 정화하는 천둥과 같은 것이다. 원래 주체의 힘에는 한계가 있기 때문에 권리에 도움이 되지 않고, 자의를 방임하는 제도들의 벽에 막혀 좌절되는 경우도 있다. 이러한 경우, 폭풍을 일으킨 사람은 스스로 그 피해를 입게 되고, 권리감각을 침해당한 사람으로서 범죄자가 될 운명을 선택하거나(이에 대해서는 뒤에서 설명하겠다) 그것 못지않게 비극적으로 되는 것, 즉 힘없이 당한 불법이 심장을 찌르는 가시가 되어 윤리적인 출혈사를 맞게 되고, 더 이상법과 권리를 믿지 않게 될 것이다.

이처럼 자신이 받는 손해보다도 권리의 이념에 대한 모독과 멸시를 더욱 민감하게 느끼고, 전적으로 사리사욕 없이 권리의 억압을—마치 자신의 권리가 억압된 것처럼—느끼는 사람을 볼 때, 그 이념적 권리감각이나 그 이상주의는 고귀한 성질을 갖는 사람들의 특권인 것처럼 생각될지도 모른다. 그러나 자신에 대한 불법만을 느끼는, 어떤 이념적 앙양과도 관련이 없는 권리감각조차 내가 앞에서 논의한 구체적 권리와 법률의 관계를 완전하게 이해할 것이다. 즉 **나의** 권리는 법 **일반**이고, **전자**의 침해나 주장은 동시에 **후자**의 침해나 주장이라는 명제로 요약된 관계다.

이러한 관점이 법률가 사이에 그다지 유포되지 않은 것은, 역설적이기는 하지만 사실이다. **법률가**들은 법률이 구체적인 권리를 둘러싼 분쟁에 휘말리게 되는 일은 있을 수 없다고 생각한다. 즉 분쟁의 대상은 추상적인 법률이 아니라, 법률이 구체적인 권리의 모습을 띤 것이고, 법률이 '사진에 찍힌 모습'과 같은 것으로 구체적 권리에 찍혀 있을 뿐, 법률 자체가 거기에 있는 것은 아니라는 것이다.

나도 법기술적으로는 그렇게 생각할 수밖에 없음을 인정한다. 그러나 이를 인정했다고 해서, 반대의 관점이 정당성을 인정받지 못한다는 것이 성립되지는 않는다. 반대의 관점이란, 법률을 구체적 권리와 동일선상에 놓고, 후자가 위협받는 것은 전자가 위협받기 때문이기도 하다는 생각이다. 이러한 관점은 선입견이 없는 권리감각에 대해, 법률가의 관점보다도 훨씬 알기 쉽다.

이러한 관점을 잘 보여주는 표현이 독일어와 라틴어에 있다. 독일인은 소송을 할 때 원고가 '법률을 호출하다Gesetz angerufen'[2]라고

---

2   소송이 제기된다는 뜻이다.

말하고 로마인은 '법률의 발효legis actio'[3]라고 말한다. 어느 경우에 나 소에 의해 법률 자체가 문제가 되며, 개별 사건에서 결정되어야 하는 것은 법률을 둘러싼 다툼이다. 이는 특히 고대 로마의 법률 소송을 이해하기 위해 매우 중요한 관점[4]이다. 그러므로 이러한 관점에 따르면 권리를 위한 투쟁은 동시에 법률을 위한 투쟁이기도 하다.

분쟁은 권리주체의 이익, 법률의 구체화인 개별적 관계, 즉 내가 '사진에 찍힌 모습'이라고 부른 것(이는 법률에서 나온 빛을 오로지 노출의 순간에 취해 정착시킨 것으로, 파기될 수 있는 것이다)에 대해서만 생기는 것이 아니라 법률 자체가 무시되고 짓밟히고 있는 것이다. 법률은 공허한 유희나 미사여구가 되지 않기 위해 자기를 주장해야 한다. 피해자의 권리가 침해된 그대로 있으면 법률도 붕괴되어 버린다.

나는 이를 요약해 법률과 구체적 권리의 연대성이라고 말하고 싶지만, 이러한 관점이 법률과 권리의 관점을 가장 깊은 곳에서 취해 묘사하는 것임은 이미 논의한 대로다. 그러나 이는 고차원적인 관점과는 관련이 없는 노골적인 이기주의가 쉽게 이해하기 어려울 정도로 심원한 것은 아니다. 반대로 이기주의야말로 이러한 관점을 올바르게 고찰하는 안목을 갖추고 있을지도 모른다.

---

3   법률 소송이라는 뜻이다.

4   법률 소송에 대해서는 예링, 《로마법의 정신》, 2권 2부 47c절에서 상세히 설명했다 (원주).

자신의 분쟁을 위해 국가(법률)를 자기편으로 끌어당길 수 있다면, 그것은 이기주의의 이익과 합치하기 때문이다. 이 경우, 이기주의라는 것을 깨닫지 못하는 사이에 자신과 자신의 권리차원을 넘어, 권리자가 법률의 대변자가 되는 높이에까지 이르게 될 것이다. 권리주체가 자신의 이익이라고 하는 좁은 시각에서 진리를 인식하고 방위하는 것에 불과하다고 해도, 그것이 진리라는 점에는 틀림이 없다.

샤일록의 경우

안토니오의 몸에서 1파운드의 살을 떼어내기 위해 샤일록으로 하여금 재판의 수단을 취하게 한 것은 증오와 복수심이었다. 그러나 셰익스피어가 샤일록의 입을 빌려 한 대사는 다른 사람의 입에서는 물론 샤일록의 입에서 나오더라도 똑같은 진리다. 이는 침해된 권리감각이 시공간에 상관없이 나오는 것임에 틀림없는 말로서, 법과 권리는 여하튼 계속 법과 권리라고 하는 부동의 확신이다. 그것은, 이 사건에서 문제가 된 것은 본인만이 아니라 법률이라는 점을 분명하게 아는 사람의 기개와 열정을 담은 것이다. 셰익스피어는 그 1파운드의 고기에 대해 샤일록의 입을 빌려 다음과 같이 말한다.

이 몸이 요구하는 한 파운드 살덩어리는
비싸게 샀으며 내 것이니 가지겠소.

그걸 거부한다면 당신의 법을 멸시하겠소.

베니스의 법령은 강제력이 없으니까.

(…) 나는 법과 계약서의 벌칙과 몰수물을 갈구하오.[5]

"나는 **법**을 갈구하오." 작가는 오로지 이 한마디로 주관적 의미의 레히트(권리)와 객관적 의미의 레히트(법) 사이의 참된 관계, 법과 권리를 위한 투쟁의 의의를 어떤 법철학자도 미치지 못할 정도로 정확하게 말한다. 이 한마디로써 이 사건은 샤일록의 권리 요구 문제에 그치지 않고, 곧바로 베니스 국법의 문제가 되었다. 이 말을 했을 때, 그의 모습은 얼마나 강력하고 거대하게 보였겠는가! 법정에 판단을 구하는 것은 더 이상 1파운드의 살을 구하는 유대인이 아니라, 베니스의 법률 그 자체다. 왜냐하면 **그**의 권리와 **베니스**의 법은 일체이고, 그의 권리가 파멸하면 베니스의 법도 파멸하기 때문이다.

그럼에도 비열한 기지를 사용해 그의 권리를 좌절시키는 판결의 중압감에 샤일록이 굴복했다고 한다면,[6] 즉 지독한 조소를 받아 기가 꺾여 다리를 끌고 법정을 나섰다면, 샤일록을 굴복시킴으로써 베니스의 법이 굴복당했다는 감상을 갖지 않는 사람이 있을까? 법정에서 도망친 사람은 샤일록이라는 특정한 유대인이 아니라, 중세 유대인의 전형적인 모습, 즉 권리를 요구하며 큰 소리로 외쳐도 들어

---

5 《베니스의 상인》, 4막 1장(원주). 최종철 옮김, 《베니스의 상인》, 209~214(옮긴이 주).

주는 사람이 없는 천민의 모습이라고 느끼지 않는 사람이 있을까?

샤일록의 운명이 매우 비극적인 이유는 그의 권리가 인정되지 않은 점에 있는 것이 아니라, 중세의 한 유대인이—마치 한 기독교인의 예수를 향한 신앙처럼—법과 권리를 믿었다는 점에 있다. 그것은 어떤 것에도 현혹되지 않는 법과 권리에 대한 확고한 신뢰로, 결정적인 순간까지는 재판관 또한 여기에 가세했다. 그런데 청천벽력처럼 갑자기 파멸의 운명이 샤일록을 덮쳐 제정신을 차리게 만들었다. 이제 그는 자신이 중세사회의 소외당한 유대인에 불과하다는 것, 사람들이 자신의 권리를 기만당하는 방식 외에는 자신의 권리를 인정받지 못한다는 것을 깨달았다.

6 샤일록의 비극이 우리의 관심을 끄는 것은, 바로 이 점에 있다고 생각한다. 실제로 그는 자신의 권리를 사기당했다. 적어도 법률가는 그렇게 생각하지 않을 수 없다. 물론 작가가 자기 나름의 법학을 창조하는 것은 자유이고, 셰익스피어가 그렇게 했다고 해—더 정확하게 말하자면 오래된 이야기를 그대로 답습했다고 해—유감으로 생각하지도 않는다. 그러나 법률가가 이를 비판하고자 한다면 다음과 같이 말해야 할 것이다. 즉 그 증서는 공서양속에 반하는 것이기 때문에 그 자체로 무효라고 말이다. 그 이유에 따라 재판관이 증서를 처음부터 배척해야 했다. 그러나 재판관이 그렇게 하지 않은 이상, 즉 현명한 '다니엘 님'이 그 증서를 유효하다고 인정한 이상, 살아 있는 몸에서 1파운드의 살을 떼어내는 권리를 인정받은 사람에게 그 살에 당연히 붙어 있는 피는 흘려서는 안 된다고 금하는 것은 한심스러운 논거로서 놀라운 궤변에 불과하다. 그런 방식이 허용된다고 한다면, 재판관은 마찬가지로 지역권地役權자에게 통행권을 인정하면서 땅 위에 발자국을 남기는 것—지역권 설정 계약에 명기되어 있지 않다고 하는 이유에서—을 금지할 수도 있을 것이다. 만약 샤일록의 이야기를 고대 로마의 이야기라고 한다면 이상하지 않다. 왜냐하면 12표법의 필자는 채권자가 행한 채무자의 신체 절단(크든 작든 죄가 되지 않는다)을 명시적으로 주기할 필요를 인정하고 있기 때문이다. 본문에서 주장한 견해에 가해진 공격에 대해서는 이 책의 서문을 참조하라(원주).

콜하스의 경우

샤일록이라는 인물로부터 나는 문학상의 인물인 동시에 역사상의 인물이기도 한 미하엘 콜하스를 떠올린다. 하인리히 클라이스트는 동명의 소설에서 압도적인 설득력으로 이를 묘사한다.[7] 샤일록은 비틀거리며 법정을 나섰고 힘이 다한 그는 아무런 저항도 하지 못하고 판결에 따랐지만, 미하엘 콜하스는 그렇지 않았다. 가장 비열한 방식으로 무시된 자신의 권리를 손에 넣기 위해 모든 수단을 강구한 뒤에, 즉 사악한 원님 재판[8]으로 인해 재판을 통한 권리 실현의 길이 닫히고, 재판권이 그 최고 담당자인 군주에 이르기까지 불법의 편이었음이 명백하게 밝혀진 뒤에, 그는 자신에게 가해진 모독에 대한 억제할 수 없는 격분에 몸을 떨면서 이렇게 말한다. "발로 걷어차이는 신세라면 사람으로 사느니 차라리 개로 살겠소."[9] 그리고 그는 다음과 같이 결의했다. "(법률로 — 옮긴이) 보호를 해주지 않는 것은 저를 황야의 야수들에게 쫓아내는 것입니다. 저 자신을 지키라고 제 손에 몽둥이를 쥐어주는 것이나 다름이 없습니다."[10]

---

7   이 소설에서의 이하 인용은 티크Tieck판 《클라이스트전집》(베를린, 1826), 3권을 참조했다(원주).

8   Kabinettsjustiz. 이를 '내각의 재판'이나 '군주사법'이라고도 번역한다.

9   같은 책, 23쪽(원주). 하인리히 폰 클라이스트, 황종민 옮김, 《미하엘 콜하스》, 창비, 2013, 33쪽(옮긴이주).

10   같은 책, 44쪽(원주). 같은 책, 56쪽(옮긴이주).

그는 부패한 재판관의 손에서 더럽혀진 칼을 뺏은 다음 그것을 휘둘러 온 나라를 공포와 경악에 떨게 했고, 부패한 국가제도를 무너뜨리고 왕위에 있는 군주를 떨게 만들었다. 그러나 그의 영혼을 사로잡은 것은 야만적인 복수 감정이 아니었다. "하이에나의 새끼들 같은 무리에 대항해 대기와 대지와 대해의 힘을 빌리기 위해 모든 자연의 귀에 들리도록 봉기의 나팔을 불어라"라고 하면서 권리 감각이 침해된 것으로부터 모든 인류를 적으로 삼아 선전포고한 카를 모어[11]와 같은 강도 살인범과 콜하스는 달랐다.

그를 움직인 것은 하나의 윤리적 이념에 불과했다. 그 이념이란 "자기가 당한 봉욕을 배상받고 자신 같은 백성들이 앞으로 이런 일을 겪지 않도록 온 힘을 다하는 것이야말로 세상에 대한 의무"[12]라는 것이다. 이러한 이념을 위해 그는 모든 것을 희생한다. 가정의 행복도, 집안의 명예도, 토지재산과 생명과 신체도 희생한다. 그리고 그는 무차별적인 섬멸을 목표로 싸우는 것이 아니라, 책임을 물어야 할 사람과 그 공범의 무리만을 상대로 삼아 싸운다. 나아가 자신의 권리를 실현할 가망이 보이면 자발적으로 무기를 버린다. 그러나 법과 권리와 명예를 헌 신발처럼 버리고 고려하지 않은 당시의 상태가 얼마나 큰 오욕을 수반했는지를 마치 그의 경우에 대해 명백하게 밝히고자 하는 것처럼, 그는 약속된 자유통행권과 불소추의 보장을 빼앗기고, 처형대의 이슬로 사라진다.

---

11 실러의《군도Die Räuber》에 나오는 도적단의 두목.
12 같은 책, 9쪽(원주). 같은 책, 18쪽(옮긴이주).

그래도 죽음 직전에 자신은 무의미하게 싸운 것이 아니라 자신의 권리를 확인하는 성과를 올렸으며, 인간으로서의 존엄을 주장했다는 생각이 죽음의 공포 앞에서 그를 초연하게 했다. 그래서 그는 흡족한 기분으로 스스로 나아가 세상과 신과 화해한 채 태연하게 형리에게 몸을 맡겼다.

이 권리의 연극은 얼마나 많은 것을 가르쳐주는가! 정직하고 친절하며 가족을 깊이 사랑하고 아이와 같은 경건한 마음을 가진 남자가 적들이 도망친 마을을 칼과 불로 격멸한 아틸라[13]와 같은 남자로 급변한다. 도대체 무엇이 그를 그렇게 만들었는가? 그것은 바로 결국에는 그를 파멸시킨 모든 적보다 그가 윤리적으로 훨씬 높은 것, 즉 권리에 대한 강력한 존중심, 권리는 신성해야 한다는 신념, 그리고 참되고 건전한 권리감각이었다. 그것이야말로 그의 비극적인 운명이 감동을 주는 이유다. 바로 그가 지닌 아름답고 고귀한 성품, 즉 윤리적인 차원에까지 높아진 권리감각과 함께, 당시 세계의 참상과 권문귀족들의 방종 그리고 의무감을 상실한 비겁한 재판관을 목격하고서 모든 것을 버리고 법과 권리의 이념에 헌신하는 영웅적 태도가 그를 파멸로 이끈 것이다.

그가 저지른 범죄는 그를 무리하게 권리 실행의 정도에서 몰아내 무법자로 만든 군주와 그 관리, 재판관 위에 두세 배의 무게로

---

13 아틸라Attila(406~453)는 5세기 전반 훈족의 왕으로, 오늘날의 헝가리인 트란실바니아를 근거지로 삼아 게르만족과 동고트족을 굴복시키고 로마를 멸망 직전까지 몰고 갔다.

되돌아와 떨어진다. 왜냐하면 적어도 편견 없는 윤리적 감각으로는 인간이 참을 수밖에 없는 그 어떤 불법도, 신에 의해 임명되었다는 군주가 스스로의 법과 권리를 파괴하는 불법보다 크지 않기 때문이다.

세상에서 사법살인[14]이라는 적절한 이름으로 부르고 있는 일은, 법적으로도 참으로 중대한 범죄다. 법률의 수호자가 그 살해자로 변신하는 것이기 때문이다. 이것은 그야말로 환자를 독살하는 의사, 자신이 돌보아야 할 유아를 교살하는 후견인과 같은 것이다. 고대 로마에서 매수된 재판관은 사형에 처해졌다. 법과 권리를 파괴한 법원을 가장 강력하게 고발하는 것은 권리감각을 침해당해 범죄를 저지른 사람의 비난으로 가득 찬 검은 그림자다. 그리고 법원 자신의 피비린내 나는 그림자다.

돈으로 사는 재판이나 당파적인 재판의 희생이 된 사람은 거의 강제적으로 권리행사의 정도에서 추방되어 복수자가 되거나, 자기 권리의 자력집행자가 되고, 때로는 본래의 목표에서 벗어나 사회의 불구대천의 적인 강도와 살인자가 되는 경우도 드물지 않다. 뿐만 아니라 미하엘 콜하스와 같이 고귀하고 윤리적인 성격을 지녀 그렇게 탈선하지 않는 사람도 범죄자가 되고, 그로 인해 형벌을 받아 자신의 권리감각에 충실한 순교자가 된다. 흔히 순교자의 피는 무의미하지 않다고 말한다. 그의 경우에도 그렇다고 할 수 있을지

---

14 사법살인司法殺人이란, 죄가 없음에도 불구하고 법률에 따라 사형 선고를 받거나, 사형을 언도받아 사형당한 것을 말한다.

모른다. 그의 그림자는 그와 관련해 생긴 권리의 유린을 불가능하게 하기 위해 오랫동안 도움이 될지도 모른다.

국가제도와 권리감각의 조화

내가 이러한 그림자를 하늘에서 불러와 보여주는 것은, 이념적인 차원에까지 높아진 강력한 권리감각이 제대로 갖춰지지 않은 법제도로 인해 만족을 얻지 못하는 경우, 바로 그러한 권리감각 때문에 탈선할 위험이 생긴다는 것을 하나의 감동적인 실제 사례를 통해 명백하게 밝히기 위해서였다.[15]

15 카를 에밀 프란조스는 이 책에서 착상을 얻어《어떤 '권리를 위한 투쟁'》(브레슬라우, 1882)을 썼다. 그 책에서 프란조스는 그보다 앞선 클라이스트와는 전혀 다르지만 매우 감동적인 새로운 관점에서 그 주제를 다루고 있다. 즉 미하엘 콜하스가 자신의 권리를 비열하게 무시당했기 때문에 일어선 것에 반해, 프란조스 소설의 주인공은 자신이 장로로 있는 마을의 권리가 무시되었기 때문에 일어선다. 그는 모든 적법한 수단을 사용해 엄청난 희생을 지불하면서 그 권리의 승인을 받고자 노력하지만 무의미하게 끝난다. 따라서 이 '권리를 위한 투쟁'은 미하엘 콜하스의 경우보다도 더 높은 동기로 발생한 것이다. 그것은 자기 자신을 위해서는 아무것도 추구하지 않고, 모든 것을 오로지 타인을 위해 추구하는 이상주의적인 권리주장이기 때문이다. 이 소설의 작가가 자신이 설정한 과제에 얼마나 멋지게 답해 보여주는지를 이 책에서는 충분히 밝히지 못하지만, 본문에서 논의한 주제에 흥미를 가진 독자라면 위 소설의 문학적 조탁에 주목해보기를 진심으로 바란다. 이 작품은 클라이스트의《미하엘 콜하스》와 함께 높이 평가되어야 할 작품으로, 진실과 감동을 전해주는 영혼의 묘사를 하고 있다. 따라서 깊은 감동 없이 이를 끝까지 읽을 수는 없을 것이다(원주).

여기서 법률을 **위한** 투쟁은 법률에 **대한** 투쟁이 된다. 자신을 지켜주어야 할 권력으로부터 버림받은 권리감각은 스스로 법률이라는 토대를 떠나서 법률을 실행해야 할 사람의 무이해와 악의와 무력으로 인해 인정받지 못한 것을 자력으로 확보하고자 한다. 그때, 국민적 권리감각이 그러한 법과 권리의 상태에 대해 행하는 고발과 항의의 담당자가 되는 것은, 특별하게 강인한 성격이나 저돌적인 성격의 사람만이 아니다. 그러한 고발과 항의는 모든 사람에게 여러 가지 모습으로 반복되고, 그것은 그 목적으로부터, 또 국민 전체나 해당 계층이 받아들인 실행 방식으로부터도, 국가적 제도의 민중적 대체물이자 보완물이라고 말할 수 있다.

그러한 것으로 중세의 유혈재판[16]과 결투권[17]이 있었다. 이러한 것들은 당시 국가 차원의 형사법원이 무력했고 당파적이었으며, 국가권력이 약했음을 웅변한다. 현대에는 결투라는 제도가 있다. 이는 국가가 명예훼손죄에 부과한 형벌이, 사회의 일정 계층이 갖는 민감한 명예감각을 만족시키지 못한다는 것을 사실로 증명하는 사

---

16 유혈재판Vehmgericht은 중세 독일, 특히 베스트팔렌 재판공동체에서 행해진 것으로, 사형을 선고해야 할 중죄에 대한 재판을 말한다. 소위 유혈재판권은 중세 말기 이후 차차 소멸되어갔지만, 베스트팔렌에서는 예외적으로 근대에 와서까지 재판공동체가 유혈재판권을 행사했다. '비밀법원'이라고 번역하기도 한다.
17 결투권Fehde이란 실력행사를 통해 자기 권리를 실현하는 정당한 권리를 말한다. 고대 게르만에서는 생명과 신체, 재산과 명예 등의 개인적 법익이 침해되면 피해자의 씨족공동체Sippe는 가해자의 공동체에 복수를 할 권리와 의무가 인정되었고, 반대로 가해자 공동체는 가해자를 방위해서 복수에 응할 의무가 인정되었다. 이 제도는 중세 말에 와서 제국평화령으로 인해 사라졌지만 근대에까지 그 잔재는 남았다.

례다. 나아가 코르시카[18] 특유의 혈투, 북아메리카의 국민재판[19], 소위 린치재판도 들 수 있다. 이 모든 것은 국가적 제도가 국민이나 그 특정 계층의 권리감각에 적합하지 않음을 보여준다.

여하튼 그것은 국가에 대한 비난— 국가가 그것을 필요로 하게 만들었다는 비난이나 국가가 그것을 허용한다는 비난— 을 포함하는 것이다. 법률이 이를 금지하는 만큼 실제로 금지될 수 없는 경우, 개인에게는 심각한 모순의 원천이 된다. 국가가 명령하는 바에 따라 **피의 복수**를 **거부**하는 코르시카인은 자신들의 동료로부터 멸시를 받고 제외된다. 반면 민중이 갖는 법과 권리 관념의 압력에 양보해 피의 복수를 하는 사람은 이를 처벌하는 사직당국에 체포된다.

우리나라에서 보는 결투에서도 마찬가지다. 명예를 지키기 위해 결투를 하는 것이 의무인 사정이 있음에도 불구하고, 이를 거부하면 자신의 명예가 침해되고, 결투를 하는 사람은 처벌된다. 이는 당사자에게도, 재판관에게도 마찬가지로 곤란한 상황이다. 고대 로마에서는 유사한 현상을 찾을 수 없다. 그곳에서는 국가적 제도와 국민의 권리감각이 완전히 합치되었기 때문이다.

---

18 코르시카는 지중해에 위치한 프랑스의 섬으로, 나폴레옹 보나파르트Napoléon Bonaparte가 태어난 곳으로 유명하고, '피의 복수'라는 전통이 있는 것으로도 유명하다.

19 마녀재판을 말한다.

국민의 권리감각

자신의 권리를 위한 개인의 투쟁에 관한 고찰은 이 정도로 끝내도
록 하자. 우리는 이 투쟁을 야기한 동기를 단계별로 논의했다. 즉
최하급의 순수한 이해타산에서 시작해, 인격과 그 생존 조건의 주
장이라고 하는 더욱 이념적인 단계를 거쳐, 마지막에는 정의 이념
의 실현이라는 관념에까지 이르렀다. 이곳은 최고 정점으로, 여기
서 조금만 잘못 나아가면 권리감각을 침해당한 사람이 범죄자가
되는 경우, 무법 상태의 골짜기로 떨어지게 된다.

그런데 이러한 투쟁의 이익은 결코 사권이나 사법 내지 사적 생
활 분야에 한정되지 않고, 그것을 훨씬 넘어서까지 미친다. 하나의
국민은 결국 모든 개인의 총화에 불과하고, 각 개인이 느끼고 생각
하며 행동하는 대로 국민도 느끼고 생각하며 행동한다.

사권에 관한 개인의 권리감각이 둔감하고 비겁하며 무기력하고,
불공정한 법률이나 열악한 제도에 막혀서 개인이 자신의 힘을 자
유롭고 강력하게 발휘할 수 없고, 지지와 조력을 기대해야 하는 경
우 박해가 행해지며, 그 결과 불법은 참기 어렵고 어떻게도 할 수

없다는 관점이 널리 퍼져 있다고 가정해보자. 그렇게 비굴하고 위축되며 무기력한 권리감각이, 일단 개인이 아니라 전 국민의 권리가, 가령 국민의 정치적 자유에 대한 억압, 헌법의 위반 내지 파기, 외적의 침략으로 인해 침해되면 갑자기 민감하게 되고, 정력적인 행동으로 바뀌게 된다고 누가 믿을 수 있겠는가?

용기를 가지고 자신의 권리를 지키려 한 적이 없는 사람이 어떻게 국민 전체를 위해서 기꺼이 자신의 생명과 재산을 던지고 싶다고 생각할 수 있겠는가? 자기의 명예와 인격이 입은 이념적 손해를 전혀 개의치 않고, 안일함과 비겁함 때문에 정당한 권리를 포기하는 사람, 권리의 문제를 오로지 물질적 이익의 척도로 생각하는 사람이, 국민 전체의 권리와 명예에 관련된 경우에는 다른 척도를 사용해 다른 감정을 가지리라고 기대할 수 있겠는가? 지금까지는 보인 적이 없는 이상주의적인 성향이 갑자기 어디에서 나오겠는가?

그런 일은 있을 수 없다. 헌법상 국민의 권리와 국제법상 국가의 권리를 위한 투쟁의 전사는, 사법상의 권리를 위한 투쟁의 전사 이외의 사람일 수 없다. 후자의 그가 몸에 익힌 장단점이 국가권력에 맞서 국민의 자유를 지키기 위한 투쟁, 외적에 대한 투쟁에서도 그의 장단점으로 발휘되는 것이다. 사법에 뿌려진 씨앗이 헌법과 국제법에서도 열매를 맺는다고 해도 좋다. 국가가 자신의 거대한 목적을 실현하기 위해 필요로 하는 힘과 사기는 사법이라고 하는 낮은 곳에서, 즉 사소한 생활 관계에서 조금씩 쌓아가는 것이다.

국민의 정치적 교육을 위한 참된 학교는, 헌법이 아니라 사법이다. 어떤 국민이 필요시에 국내의 정치적 권리나 국제법상의 지위를 어떻게 방위해야 하는지를 알고 싶다면, 그 구성원 각자가 사적 생활에서 자신의 권리를 주장하는 방식을 보면 된다. 나는 이미 투쟁을 좋아하는 영국인의 예를 들었다. 여기서는 앞에서 설명한 것을 되풀이하는 것으로 충분하다. 영국인이 완강하게 다투는 몇 푼의 돈에는 영국의 정치적 발전이 새겨져 있다는 것이다.

국민 각자가 가벼운 일에 대해 자신의 권리를 용감하게 주장한다면, 그러한 국민의 전체로부터 가장 소중한 것을 빼앗으려고 생각하는 사람은 없을 것이다. 따라서 국내적으로는 최고의 정치적 발전을 이룩하고, 대외적으로는 최대의 세력 신장을 보여준 고대국가, 즉 로마가 동시에 가장 완성된 사법을 가졌다는 것은 우연이 아니다.

매우 역설적으로 들릴지 모르지만, 법과 권리는 이상주의다. 그것은 공상의 이상주의가 아니라 품격의 이상주의다. 즉 자신을 자기 목적이라고 생각하고, 자신의 핵심이 침해되는 경우, 다른 모든 것을 도외시하는 사람의 이상주의다. 자신의 권리에 대해 공격을 가하는 주체가 **누구이든**, 개인이든 자국 정부이든 외국이든, 무슨 차이가 있는가?

그가 그러한 침해에 맞서 저항할지 여부는 가해자가 누구인가가 아니라, 피해자가 갖는 권리감각의 강인함, 즉 그가 자신을 주장하기 위해 사용하는 윤리적 힘과 사기가 결정한다. 따라서 어떤 국민의 국내적이고 대외적인 정치적 지위는 언제나 그 윤리적인 힘에 상응하는 것이라는 원칙은 영원한 진리다. 장성한 아들을 대나무로 매질하는 중국은 수억 명의 인구를 가지고 있음에도, 소국 스위스가 누리는 존경받는 국제법상의 위상에 필적하는 지위를 인정받을 수 없다. 스위스인의 본성은 확실히 예술이나 문학의 방면에서는 이상적이지 않고 로마인처럼 산문적이고 실제적이다. 그러나 내가 지금까지 '이상적'이라고 한 표현을 법과 권리에 관해 사용하는 경우에 부여한 의미에 따르면, 스위스인도 영국인과 마찬가지로 이념적이다.

건전한 권리감각이라고 하는 이러한 이상주의는 자신의 권리를 방위하는 것에 그치고, 법과 질서의 유지에 협력하지 않는 경우에는 자신의 기초를 무너뜨리게 된다. 이러한 이상주의는 **자기**의 권리를 지킴으로써 법 **일반**을 지킬 뿐만 아니라, 법 **일반**을 지킴으로써 **자기** 권리를 지키는 것을 알고 있다. 엄격하게 법률을 준수하는 기풍과 감각이 지배하는 나라에서는, 그렇지 않은 다른 나라에서 종종 볼 수 있는 서글픈 현상, 즉 관청이 범죄자나 법률을 파괴한 자를 수색하거나 체포할 때 대중이 그런 자의 편이 되는 현상, 다시 말하자면 국가권력은 당연히 국민의 적이라고 하는 관점이 만연한 현상을 볼 수 없다.

준법정신이 왕성한 나라에서는 법 문제가 바로 자신의 문제라는 것을 누구나 알고 있다. 그런 곳에서 범죄자에게 동정하는 것은 범죄자뿐이고, 선량한 사람은 범죄자를 동정하기는커녕 자발적으로 정부나 경찰에 협력할 것이다.

지금까지 언급한 내용의 결론을 굳이 서술할 필요는 없을 테지만, 그래도 말해둔다면 다음과 같이 간단하다. 즉 외국의 존경을 받고 국내적으로 안정되고자 하는 나라에서는 국민의 권리감각만큼

귀중하고 보호하고 육성해야 할 보물은 없다는 것이다. 국민의 권리감각을 함양하는 것은 국민에 대한 최고의 정치 교육이자 가장 중요한 과제다.

국민 각자의 건전하고 강력한 권리감각은 국가에 있어 자기 힘의 가장 풍부한 원천이며, 대내외적인 존립의 가장 확실한 보증이 된다. 권리감각은 나무 전체의 뿌리와 같다. 흔들리거나 돌밭이나 황량한 모래땅에 내린 뿌리는 시들어버리고, 다른 모든 것은 도움이 되지 않는다. 폭풍이 몰아치면 나무 전체가 뿌리째 뽑히고 만다. 줄기와 가지는 사람의 눈에 보인다는 장점이 있지만 뿌리는 땅속에 있어 눈에 보이지 않는다.

그래서 불공정한 법률이나 열악한 제도가 국민의 윤리적 힘에 미치는 파괴적인 영향은 이른바 지면 아래에서 작용하는 것이지만, 세상의 정치평론가들은 여기에 주목하지 않는다. 그들은 화려한 잎사귀만을 문제 삼고 뿌리에서 잎사귀로 올라오는 독에 대해서는 전혀 모른다. 그러나 독재자는 나무를 무너뜨리기 위해서는 무엇부터 해야 하는지를 잘 알고 있다. 잎사귀는 그대로 둔 채 뿌리를 잘라야 한다는 것이다.

독재자는 언제나 사권과 사법에 개입해 개인을 고통스럽게 하는 것으로부터 시작한다. 이것을 잘하면 나무는 저절로 넘어지기 때문이다. 따라서 독재자에 대항하기 위해서는 무엇보다도 이 단계에서 대항할 필요가 있다. 로마인은 왕정[1]과 10인 집정관[2]을 타도하기 위해 여성의 정조와 명예를 더럽히고자 했을 때 자신들이 무엇을 하고 있는지 잘 알고 있었다. 마키아벨리Machiavelli의 제자들이 국민의 견고한 자존심과 윤리적인 힘을 모두 압살하고, 독재자를 무저항으로 맞는 길을 개척하기 위해 부여한 최상의 처방전은, 세금이나 부역으로 농민의 자유로운 자존심을 파괴하고, 시민을 경찰의 보호 대상으로 삼으며, 여권을 발급받은 사람에게만 여행을 허가하고, 제멋대로 세금을 할당하는 것 등이었다.

그때, 전제주의와 자의의 침입을 허가하는 문호가 당연히 외적에게도 열려 있었다는 것은 염두에 두지 않는다. 외적의 침공을 받고서야 비로소 지혜로운 사람들은 국민의 윤리적인 힘과 권리감각이 외적으로부터 자국을 방위하기 위한 무기여야 했다는 점을 깨닫게 되지만, 때는 이미 늦었다. 시민과 농민이 봉건적이고 절대주의적인 자의의 지배에 복종한 그 시기[3]에 독일 제국은 로트링겐과 알자스를 상실했다.[4] 이 지역의 주민과 제국의 동포는 각자의 자존심을 잃었는데, 어떻게 제국이 중요하다고 느낄 수 있었겠는가!

그러나 때를 놓치고 나서야 비로소 역사의 교훈을 깨닫는 것은

---

1 이는 로마 최후의 왕 타르퀴니우스 수페르부스Lucius Tarquinius Superbus가 전제적인 통치를 일삼고, 그의 아들이 다른 남자의 정숙한 아내인 루크레티아Lucretia를 겁탈해서 수치심에 루크레티아가 자결하자 폭력혁명이 일어나 왕조가 무너지고, 공화정 정부가 수립되었다고 전해지는 것을 뜻한다. 그러나 고대 전승에는 개연성이 없는 내용이 많아 그대로 믿기 어렵다. 학자들은 몇 차례에 걸친 군사적 패배로 사회·경제·정치적 쇠퇴 때문에 왕정이 몰락했으리라 본다. 당시 에트루리아 세력이 위축되고, 사비니인 등 산지 부족들이 라티움을 침공한 사건도 이와 관련이 있다.

2 12표법을 제정한 10인 위원회의 전횡은 그 위원인 아피우스 클라우디우스 크라수스Appius Claudius Crassus가 평민의 딸인 우르기니아를 갖고자 했기 때문에 그녀가 부친에게 살해된 사건을 계기로 해서 전복되었다고 전해진다.

3 17세기 말

우리 탓이지, 역사가 적절한 시점에 교훈을 주지 않았기 때문이 아니다. 역사는 언제나, 국민의 힘은 바로 국민의 권리감각의 힘이며, 국민의 권리감각을 함양하는 것이 국민의 건강과 힘을 함양하는 것이라고 소리 높여 가르쳤다. 여기서 함양이라고 함은 학교 수업에서 가르치는 이론 교육이 아니라, 생활의 모든 면에서 정의의 원칙을 실천하는 것을 뜻한다.

법과 권리의 외면적 장치만으로는 충분하지 않다. 그러한 외면적 장치가 완전하게 정비되고 관리되어서 최고의 질서가 지배되고 있는 곳에서도 위에서 말한 요청이 무시되는 경우가 있다. 과거에는 농노제나 유대인에 대한 차별적 관세처럼, 건전하고 강력한 권리감각의 요청과 전혀 어울리지 않는 법규와 제도가 존재했다. 그리고 직접적으로 해를 입은 시민이나 농민이나 유대인보다도 국가가 그로 인해 더 큰 피해를 입었지만 그것도 일종의 법률과 질서였다.

이에 반해 국가가 국민의 권리감각을 충분히 발달시키고 이에 따라 국가 스스로의 힘도 충분히 발휘하기 위해서는, 사법만이 아니라 경찰과 행정과 조세입법을 포함한 법의 모든 분야에서 실체법을 확실하고 명확하고 확정적인 것으로 만들고, 건전한 권리감각에 반하는 모든 법규를 제거함과 동시에, 법원의 독립을 보장하

4　보통 알자스로렌Alsace-Lorraine이라고 하는 두 지역은 원래 프랑스 땅이었다가 보불전쟁으로 1871년 다시 독일령이 된 뒤에 1919년 다시 프랑스 땅이 되었다. 로트링겐Lothringen은 로렌을 독일어로 부르는 지명이다.

고 소송제도를 가능한 한 완전하게 정비해야 한다.

사람들이 불공정하다고 생각하는 법조문이나 증오하는 제도는 모두 국민적 권리감각을 침해하고, 따라서 국가의 힘을 침해한다. 이것은 법과 권리에 대한 범죄이며, 결국 국가 스스로를 역습해 종종 무거운 이자와 함께 비싼 죗값을 치러야 한다. 때로는 그 대가가 하나의 주州를 할양해야 할 정도로 값비싼 경우도 있다.

물론 나는 국가가 오로지 그러한 손실이나 이득의 관점에서 이러한 죄를 범하지 않도록 주의해야 한다고 말하는 것은 아니다. 도리어 이러한 법과 권리의 이념을 오로지 이념 그 자체를 위해 실현하는 것이, 국가의 가장 신성한 의무라고 생각한다. 물론 이것은 교조적인 이상주의로 보일지도 모른다. 그러므로 현실적인 정치가나 위정자가 이를 조롱하며 거절한다고 해도 이상하다고 말하지 않는다. 그런 만큼 나는 그런 사람들이 잘 알 수 있는 현실적 측면을 강조했다. 이 경우에 법과 권리의 이념과 국가의 이익은 손을 맞잡고 나아간다.

건전한 권리감각은 열악한 권리밖에 인정하지 않는 상태에 오랫동안 참을 수 있는 것이 아니라, 도리어 둔화되고 위축되고 왜곡된다. 왜냐하면 종종 지적되듯이, 권리의 본질은 행동에 있기 때문이다. 불꽃에는 흐르는 공기가 필요하듯이, 권리감각에는 행동의 자유가 필요하다. 행동의 자유를 인정하지 않고 제약하는 것은 권리감각을 질식시키는 일이 될 것이다.

건전한 권리감각을 모르는 보통법

지금까지의 논의로 이 책을 마칠 수도 있다. 왜냐하면 내가 말하고 싶었던 주제에 대해 모두 다루었기 때문이다. 그러나 그 주제와 밀접하게 관련되는 하나의 문제에 대해 좀 더 말해보려 한다. 그것은 바로 우리 현대법, 더 정확하게 말하면 현대의 로마보통법[1](내가 감히 옳게 판단할 자격이 있다는 전제하에서)이 내가 이 책에서 다룬 요청에 어떻게 답하는가 하는 문제다.

이에 대해 나는 전혀 주저 없이, 현대의 로마법이 요청에 답하지

---

1 보통법das Gemeine Recht은 고대 로마법이 아니라, 신성로마제국을 구성한 독일의 300개나 되는 여러 나라에서 로마법을 포괄적으로 계수해 15세기 후반부터 사용해온 로마법을 말한다. 이를 '포괄적 계수Rezeption in complex'라고 하는데, 이 과정을 통해 관료제적 통치기구와 대학에서 로마법을 습득한 직업적 재판관을 통한 근대적 재판제도가 형성되었다. '보통법'으로서의 계수 로마법을 연구하는 것이 '보통법학Gemeinrechtliche Jurisprudenz'으로 발전했다. 근대 독일의 로마법 계수는 현대 한국 실정법학의 토대가 된 일본의 근대 실정법학에 절대적인 영향을 끼쳤다.

않고 있다고 단언할 수 있다. 현대 로마법은 건전한 권리감각의 정당한 요구를 만족시키기에는 너무나 부족하다. 게다가 여기저기에 난점이 있다는 것에 그치지 않고, 앞서 건전한 권리감각의 본질이라고 한 것 ── 권리침해를 목적물에 대한 공격으로서만이 아니라 인격 자체에 대한 공격으로 받아들이는 이상주의 ── 과 전체적으로 정면 대립하는 관점에 지배되고 있다. 독일의 로마보통법은 이러한 이상주의를 전혀 지지하지 않는다. 그것은 명예훼손을 제외한 모든 권리침해를 오로지 물질적 가치의 척도로 측정한다. 이는 무미건조하고 저속한 물질주의가 가장 철저한 형태를 취하는 것이다.

그런데 소유를 둘러싼 분쟁에서 피해자의 권리를 승인한다는 것은, 그에게 목적물 내지 그 가치를 부여하는 것 이상이 아니지 않는가?[2] 만약 그렇게 생각하는 것이 옳다면, 장물을 반납한 도둑을 석방해야 한다는 뜻이 된다. 그러나 이에 반해 도둑은 피해자에 대해서만 죄를 범한 것이 아니라, 동시에 국가의 법률과 법질서에 반해 죄를 범한 것이라는 반론이 성립한다. 빌린 돈 갚기를 거부하는 사람, 계약을 파기한 매도인이나 임대인, 내가 부여한 권한을 남용해 나에게 손해를 끼친 대리인은 이와 마찬가지 아닌가? 이들과 오랫동안 싸운 결과, 본래 내 것이었던 것을 돌려받는 것에 불과하다고 하면 침해된 내 권리감각이 그것으로 치유되는가?

2   과거에 나는 그렇게 생각했다. 이에 대해서는 예링,《로마법의 유책성 요소*Schuld-moment im römischen Privatrecht*》, 기센, 1887, 61쪽(나의 논문집Vermischte Schrifteu, 라이프치히, 1879, 229쪽)을 보라. 지금은 다르게 생각하는데, 이는 권리를 위한 투쟁이라는 주제를 오랫동안 연구한 탓이다(원주).

권리감각의 침해에 대해 보상금을 요구하는 것은 전적으로 정당하며, 이것을 별도로 본다면 양 당사자의 입장은 균형을 잃는 것이다! 소송에 패할 위험은 일방[3]에게는 자신의 것을 상실한 것에 있지만, 타방[4]에게는 불법적으로 가졌던 것을 인도해야 하는 것을 의미함에 불과하다. 소송에 이겨 얻는 이익은, 전자에게는 어떤 손해도 발생하지 않은 상태가 회복된다는 것뿐이지만 후자에게는 상대방의 희생으로 이익을 얻는다는 점에 있다. 이는 그야말로 파렴치한 거짓말을 만들도록 장려하고, 배신 행동에 보상금을 주는 행태가 아닌가? 그런데 우리의 법은 그렇게 하고 있다.

이 책임은 현대 로마법이 져야 한다.

고대 로마법의 발전 단계

이 문제를 논의함에 있어 먼저 고대 로마법의 세 가지 발전 단계를 구별해보자.

첫 번째 단계는 권리감각이 아직 절도를 알지 못하고 격렬함을 보여주다가 자제를 알기에 이른 초기 로마법의 단계이고, 두 번째 단계는 권리감각이 절도 있는 힘을 갖기에 이른 중기 로마법의 단계이며, 세 번째 단계는 권리감각이 쇠약해지고 위축된 후기 제정

---

3 피해자인 원고를 뜻한다.
4 가해자인 피고를 뜻한다.

시대, 특히 유스티니아누스 황제 시대의 말기 로마법 단계다.

첫 번째 낮은 발전 단계에서 권리감각의 모습에 대해 나는 이미 이전에 연구해 발표했다.[5] 따라서 여기서는 내 결론을 간단히 요약하겠다. 초기 로마법의 침해되기 쉬운 권리감각은 자기의 권리가 침해되거나 다투어지는 모든 경우를, 상대의 고의과실 유무나 과실의 정도를 묻지 않고, 상대가 야기한 주관적 불법으로 다루며, 따라서 과실이 없는 사람에 대해서도 고의과실이 있는 사람과 마찬가지로 배상을 요구한다. 상대방이 자신은 명백한 구속행동[6]를 하지 않았다거나, 손해를 가하지 않았다고 주장하다가 패소하면 두 배를 지불하게 되었다. 또 '소유물반환청구소송'에서 목적물의 점유자가 목적물에서 생긴 과실을 취득한 경우에 상대방은 그 두 배를 돌려주어야 하고, 목적물의 소유권을 다투어 패한 상대방은 소송공탁금을 상실한다. 원고가 소송에서 지면 원고는 마찬가지 벌을 받는다. 왜냐하면 그는 타인의 물건을 자신의 것이라고 주장했기 때문이다. 만일 원고가 소송에서 청구한 채권액이 약간 틀린 경우에는 그가 청구의 전부를 상실하게 된다.[7]

초기 로마법의 이러한 제도나 법명제 중에는 중기로 계수된 것도 있지만, 중기 로마법의 새롭고 독자적인 소산은 초기의 그것과 전혀 다른 정신에 지배받았다.[8] 그 특징을 한마디로 말하면, 유책

---

5 예링,《로마법의 유책성 요소》, 8~20쪽(원주).
6 채무의 구속력을 기초로 한 행동을 말한다.
7 그 밖의 예에 대해서는 예링,《로마법의 유책성 요소》, 14쪽을 참조하라(원주).
8 이에 대해서는 같은 책, 20쪽 이하를 참조하라.

성⁹이라는 기준을 설정해 이를 사법의 모든 관계에 적용했다고 하는 것이다. 객관적인 불법과 주관적인 불법이 엄격히 구별되고, 전자의 효과가 목적물의 회복¹⁰에 한정된 것에 반해, 후자는 그 밖에 징벌금이나 명예박탈이라고 하는 징벌이 수반되었다. 그러한 징벌을— 적정한 한도에서— 남긴 점이야말로 중기 로마법의 지극히 건전한 생각의 일면을 보여준다. 물건의 기탁을 받았는데 신뢰를 배반해 그것을 부인하거나 반환을 거부한 수취인, 위임받은 지위를 자기 이익을 위해 남용하거나 의식적으로 자기의 의무를 태만한 수임인, 또는 후견인이 물건을 반환하거나 대금을 지불한다면 책임을 면한다고 하는 것을 로마인들은 용납하지 않았다.

로마인은 그 밖에도 그런 사람들에 대한 처벌을 요구했는데, 이는 침해된 권리감각을 치유하기 위해, 그리고 그와 유사한 악행을 하려 하는 사람들을 위협하기 위해서였다. 가해진 벌 중에서 최고의 것은 명예박탈이었다. 이는 로마에서 고안된 가장 중한 벌의 하나였다. 명예박탈은 사회적으로 동료들로부터 배척된다는 효과를 낳을 뿐 아니라, 모든 정치적 권리의 상실, 즉 정치적 사망¹¹의 효과를 수반했기 때문이다. 특히 악질적인 배신 행동으로 인정된 권리침해는 언제나 이러한 명예박탈로 처벌했다.

그다음으로, 징벌금¹²은 현재보다도 훨씬 폭넓게 사용되었다. 자

---

9 고의과실을 뜻한다.
10 물건의 반환이나 변상을 뜻한다.
11 시민권의 상실을 뜻한다.
12 재산형을 뜻한다.

신의 부정한 행동으로 인해 상대에게 소송당한 사람이나, 부정한 행동을 하면서 스스로 소송을 야기한 사람에게는 징벌금이라는 위협 수단이 다양하게 행해졌다. 그것은 목적물 가치의 일부에 상당한 액(10분의 1, 5분의 1, 4분의 1, 3분의 1)에서 시작해 목적물 가치의 몇 배에 이르고, 상대방의 불만을 진정시키는 방법이 달리 없는 경우에는 무제한까지, 즉 원고가 이것으로 충분하다고 선서하는 액에까지 미쳤다.

특히 주목할 것은 다음 두 가지 소송 제도였다. 이로 인해 피고는 더 이상 불이익을 받지 않기 위해 다툼을 그만두거나 아니면 법률을 의도적으로 어긴 자로서 처벌될 위험을 무릅쓰는 선택을 해야 했다. 즉, 그 두 가지 제도는 법무관[13]의 금지명령[14]과 전결소권[15]이라는 제도였다. 이 제도에서는 피고가 정무관[16]이나 심판인[17]의 명령에 따르지 않는 경우를 불복종이나 반항으로 보았다. 이제 원

---

13 '집정관'으로 번역되기도 한다. 집정관은 정무관 중 최고 지위로, 행정과 군사의 대권을 장악하고 원로원과 합의해 민회를 소집하는 권한을 가진다. 임기는 1년이며 한 달씩 교대로 집무하며, 상호간의 합의하에 업무를 본다. 비상시 한 사람의 독재관에게 전권을 위임하며, 집정관이 임기를 마치면 전직 집정관이 된다. 전직 집정관이나 전직 법무관만이 속주 총독이 될 수 있었다.

14 prohibitorischen interdicte는 금지되는 행위를 통해 물건을 점유한 사람에게 형벌 대신 금지명령을 내려 폭력적 행위를 하지 못하게 한 것을 말한다.

15 actiones arbitrariae는 '조정소권'으로 번역되기도 한다. 이 경우 원고의 소유권을 확인해야 하는 재판관은 먼저 소유권을 확인하는 중간결정pronuntiatio을 내리고, 이에 따라 피고는 원고에게 자발적으로 물건을 반환해 물건의 수배에 이르는 보상을 하게 하는 종국판결을 피할 수 있었다.

16 법정 절차를 주재한다.

17 판결을 내린다.

고의 권리만이 아니라 법률의 대변자[18]가 갖는 권위가, 따라서 법률 그 자체가 피고의 상대가 되는 것이다. 그리고 법률을 무시한 피고는 징벌금을 지불해서 이를 보상해야 했고, 그 징벌금은 원고에게 지급되었다.

이 모든 징벌의 목적은 형법상 형벌의 목적과 같았다. 첫째, 범죄 개념에 포함되지 않는 여러 가지 침해에 대해서도 사적 생활의 이익을 지킨다고 하는 전적으로 실제적인 목적이 있었다. 둘째, 침해된 권리감각을 치유하고 무시된 법률의 위엄을 회복한다고 하는 윤리적 목적이 있었다. 이 경우 금전은 목적 자체가 아니라 목적을 위한 수단에 불과했다.[19]

나에게는 중기 로마법의 이러한 방식이 모범적인 것으로 보인다. 그것은 객관적인 불법을 주관적인 불법의 감행과 혼동한 초기 로마법의 극단적인 방식과도, 또 민사소송에서 주관적 요인을 객관적 요인과 전적으로 같은 수준으로까지 끌어내린 현재 또 하나의 극단적인 방식과도 달리, 건전한 권리감각의 정당한 요구를 완

---

18 정무관과 심판인을 말한다.

19 이는 소위 '복수를 구하는 소권actiones vindictam spirantes'에서 잘 나타난다. 이 소권에서 중요한 것은, 재화가 아니라 침해된 권리감각과 인격감각을 치유하는 것에 있다("재화보다 복수심이 고려된다magis vindictge, quam pecuniae habet rationem"《학설휘찬》, 37권 6장, '재화의 반납에 대해' 2절4)라는 이념적인 관점이 완전히 관철되어 있다는 점이다. 따라서 이 소권은 상속이나 양도도, 파산채권자에 의한 행사도 인정하지 않고, 비교적 단기간에 소멸하며, 피해자가 자신에게 가해진 불법을 전혀 느끼지 못했음("그의 마음에 떠오르지 않았다ad animum suum non revocaverit."《학설휘찬》, 47권 10장, '명예훼손에 대해')이 분명하면 본래부터 발생하지 않는다(원주).

전히 만족시키는 것이었다. 즉 중기 로마법은 두 종류의 불법을 엄격히 구별할 뿐 아니라, 주관적인 불법 자체를 그 형식과 형태, 침해의 크기의 미묘한 차이를 통해 세밀하게 구별할 줄 알았다.

유스티니아누스 법전[20]에 따라 완료된 고대 로마법의 최후 발전단계로 눈을 돌리면, 개인의 생활에서도 여러 국민의 생활에서도 상속권이 큰 의의를 갖는 것을 알 수 있다. 윤리적으로도 정치적으로도 타락한 이 시대가 앞 시대의 법을 유산으로 승계하지 않고, 자신의 법을 만들어야 할 입장에 있었다면, 그 법은 어떤 것이 되었을까? 자신의 힘으로는 생활을 이어나가기조차 어려운 상속인이 거대한 유산을 받은 덕분에 살아가는 것처럼, 무기력하게 침체한 세대도 그것에 앞선 강인한 시대의 정신적 자본 덕분에 살아간다.

그것은 자신이 아무런 노력도 없이 타인의 노동 성과를 향수한다는 의미에서만이 아니라, 무엇보다도 어떤 특별한 정신에서 생긴 과거의 업적이나 작품이나 제도가 일정 기간 그 정신을 유지하고 재생해가는 힘을 지니고 있다는 것이다. 그러한 업적과 작품과 제도 속에 들어 있는 힘은 직접 손을 대는 즉시 활력을 되찾는다.

고대 로마인의 견실하고 강인한 권리감각을 객체화한 것으로서의 공화정기의 사법이 제정기에 들어선 뒤로는 오랫동안 생명력과 활력을 주는 원천으로 도움이 된 것도 그 때문이다. 그것은 말기 로마 세계의 광야에서 홀로 한 줄기의 청결한 물을 내뿜은 오아시스였다. 그러나 자립적인 생명은 전제주의라고 하는 뜨거운 열풍 앞

---

20 6세기 전반에 제정된 《로마법대전》을 말한다.

에서 언제까지라도 참을 수 있는 것이 아니고, 사법의 힘만으로는 여러 곳에서 배척되고 있는 정신을 지키고 주장할 수는 없었다. 그렇지만 최후의 순간까지 버텼던 전제정도 결국은 새로운 시대에 굴복하지 않을 수 없었다.

이 새로운 시대의 정신에는 기묘한 말이 기록되었다. 그것은 엄격함, 가혹함, 무분별함이라는 전제주의적 특징을 가졌다고 여겨져도 당연하지만, 실제로는 전혀 반대의 모습, 즉 관대하고 인간적인 겉모습을 보여주었다. 그러나 이러한 관대함은 바로 전제적인 관대함이다. 그것은 어떤 사람에게 준 것을 다른 쪽으로부터 빼앗는다. 그것은 자의와 방종에 따른 관대함이지, 품격에서 유래하는 관대함이 아니다. 마치 자기가 행한 불법을 다른 불법으로 복구하려는 폭력의 비이성적 상태와 같은 것이다.

이러한 관점이 옳다는 것을 뒷받침하는 증거를 여기서 전부 일일이 열거할 수는 없다.[21] 여기서는 많은 역사적 재료가 명백히 밝히는 하나의 뚜렷한 특징을 드는 것으로 충분할 것이다. 그것은 채권자의 희생을 통해 채무자에게 보여주는 관대함과 온유함이다.[22] 보편적으로 통용되는 의견으로서 채무자에게 동정하는 것은 쇠약

---

21 소송벌의 가장 엄격한 것이 폐지된 점은 그러한 증거의 하나다. 앞의 책, 58쪽 참조. 앞 시대의 건전한 엄격함을 유약한 로마 말기에는 참기 어려웠다(원주).

22 그 증거로 들 수 있는 것은 유스티니아누스 황제의 다음과 같은 결정이다. 즉 보증인에게 검색의 항변권을 인정하고 연대채무자에게 분할의 항변권을 인정한 것, 담보물의 매각에 대해서는 2년이라는 무의미한 유예기간을 정하고 매각 후 2년의 환매 기간을 채무자에게 인정하는 것에 그치지 않고 그 기간 경과 후에도 환가대가의 잉여액(채무액을 넘는 부분)의 반환을 매주에게 청구할 수 있게 한 것, 채무자

해진 세대의 징표라고 말할 수 있을 것이다. 그 시대 자체는 이를 인도주의라고 부른다. 이에 대해 힘을 확충한 시대는, 특히 채권자가 자기 권리의 만족을 얻도록 배려하고, 거래의 안전과 신뢰와 신용의 유지를 위해 필요하다면 채무자에 대해 엄격한 태도를 취하기를 망설이지 않는다.

의 상계권을 부당하게 확대한 것, 대물변제를 인정한 것, 대물변제에 대해 교회의 특권을 인정한 것, 계약에 근거해 청구할 수 있는 이행 이익 등을 대가의 두 배까지로 제한한 것, 두 배를 넘는 이자(원본과 같은 액을 넘는 이자)의 금지를 부당하게 확장한 것, 재산 목록의 이익인 제도에 따라 상속인에게— 채권자에 대한 변제에 관해— 멋대로 지위를 인정한 것이다. 나아가 유스티니아누스는 채권자의 다수결에 따라 소수의 반대자를 구속하는 지불유예를 정할 수 있게 했다고 하지만, 이는 이미 콘스탄티누스 황제 시대에 등장한 지불유예 제도를 모델로 한 것이었다. 또 '미지급금의 지급 요구의 소'나 소위 무인채무증서無因債務證書, 나아가 채권 양도에 관해 채무자의 지불 의무를 한정한 아나스타시우스 칙법Lex Anastasius에 대해서도 창시의 공적은 로마에 살았던 그들의 선조에게 돌아간다. 그런데 군주로서 처음으로 인적 집행은 인간성에 반한다고 주장하고 인도주의의 관점에서 이를 폐지한 것은 프랑스의 나폴레옹 3세Charles Louis Napoléon Bonaparte III(1808~1873 — 옮긴이주)였다. 하지만 물론 나폴레옹 3세는 카이엔느(프랑스령인 기니의 도시로 프랑스의 유형식민지였다— 옮긴이주)의 무자비한 기요틴형에 대해 조금도 기분 나쁘게 생각하지 않았다. 이와 마찬가지로 로마 말기의 황제들은 대역죄인의 무고한 아이들의 운명을 이렇게 정했다. "그리하여 영원히 비참하게 더럽혀진 자들에게 죽음은 위로를 하고 삶은 고통이 된다ut his perpetua egestate sordentibus sit et mors solatium et vita supplicium."(《칙법휘찬》 9권 8장 '대역죄에 관한 유리아법에 대해' 5절 1쪽) 이에 비하면 채무자에게 인도주의는 얼마나 아름다운 것인가! 타인의 희생보다 더 인도주의를 존중하는 훌륭한 방식은 없다! 유스티니아누스가 부부재산제에 관해 아내에게 인정한 특권적 담보권도 그가 주장한 이러한 종류의 인도주의에서 유래하는 것이고, 그는 이에 대해 종종 자화자찬을 하지 않을 수 없었다. 그러나 그것은 빈민에게 신발을 만들어주기 위해 부자에게서 가죽을 훔쳤다고 하는 성 크리스피누스Crispinus류의 인도주의에 불과했다(원주).

현대 로마법의 문제점

이제 마지막으로 고찰할 부분은 현대의 로마법이다. 나는 이에 대해 언급하는 것을 유감스럽게 생각한다. 왜냐하면 이 책의 범위 안에서는 현대 로마법에 대해 판단을 해도 그것을 충분히 논증하기 어렵기 때문이다. 그러나 그 판단의 결론 역시 주저하지 않고 말하겠다.

내 판단을 요약하자면 다음과 같다. 현대 로마법을 그 역사적인 모습과 현대법으로서의 모습 전체로 파악할 때, 보통 그 특수성은 법의 형성과 발전을 규정하는 국민의 권리감각, 실무, 입법과 같은 일체의 요소 위에 학설만이 우월적 지위를 차지한다고 하는— 어느 정도까지 피할 수 없었다— 특유의 사정을 통해 구할 수 있다. 다른 나라의 말[23]로 기록된 다른 나라의 법[24]은 학자들이 도입한 것이고, 학자들만이 이를 이해할 수 있었다.

그것은 처음부터 두 가지의 전혀 다른, 그리고 종종 서로 대립하는 입장— 즉 법을 전혀 선입견 없이 역사적으로 인식하고자 하는 입장과 법을 실제의 필요에 맞추어 발전시키고자 하는 입장— 의 대립과 대체로 나타났다. 이에 반해 실무는 다루어야 할 소재[25]를 완전히 마스터하기 위해 필요한 능력을 결여하고, 언제까지나 이론에 종속되도록— 즉 언제까지나 미성년 상태에 머물도록— 운

---

23 라틴어를 말한다.
24 로마법을 말한다.
25 로마법을 말한다.

명 지워졌다. 또 재판과 입법의 지역적 분열 상태는 통일을 향한 미약한 맹아를 압도할 정도였다. 그러한 법과 국민적 권리감각의 사이에는 거대한 간격이 상존한다는 것, 즉 국민이 자국 법을 이해하지 못하고 법이 국민을 이해하지 못했다는 점이 놀랍지 않은가?

로마의 사정과 관습을 전제로 한다면 잘 알 수 있는 제도와 법명제도, 그러한 전제가 완전히 사라진 지금에 와서는 분명히 저주받게 되었다. 이 세상이 계속 존재하는 한, 국민이 법에 의한 신용과 신뢰를 이 정도로 동요하게 한 재판은 더 이상 없을 것이다. 소박하고 건전한 두뇌를 가진 법률의 문외한이 백 굴덴의 채무를 지고 있다고 시인하는 상대방의 확약이 기록되어 있는 채권증서를 가지고 법정에 출두했는데, 재판관이 그 증서는 소위 '하자 있는 채권증서'[26]이기 때문에 구속력을 갖지 못한다고 선고한다면, 또 증서에 소비대차를 채무 원인으로 명시하고 있는데도 2년이 경과하기 전까지 그 증서는 아무런 증명력을 갖지 못한다고 재판관이 선고한다면 그 문외한은 무어라고 말할까?

그러나 나는 이를 너무 상세하게 고찰할 생각은 없다. 그렇게 한다면 언제 끝날지 모르기 때문이다. 여기서는 독일의 로마보통법학의 두 가지 오류(나는 이를 오류라고밖에 말할 수 없다)를 드는 것에 그치도록 한다. 그것은 원리적인 성질의 오류이고, 불법의 참된

---

26 cautio indiscreta는 문서의 내용이 막연한 채무약속에 그치는 것을 말하며, 그 경우 채무자가 별도로 채무를 승인하는 과정을 거쳐야 법적 의미의 채권으로 성립되었다. 이에 반하는 '확실한 채권증서cautio discreta'는 특정한 채무 원인에 대한 서면 선서를 내용으로 하는 증서를 뜻했다.

종자를 포함하는 것이기 때문이다.

그 첫 번째 오류는, 권리침해의 경우에는 단순히 금전적 가치만 생각해도 좋은 것이 아니라, 침해된 권리감각이 치유되는 것을 생각해야 한다는 앞서 말한 단순 명료한 발상이 현대 법학에서는 완전히 사라졌다고 하는 점이다. 현대 법학이 사용하는 척도는 저속하고 거친 물질주의의 척도, 즉 오로지 금전적 이익뿐이다. 어느 재판관에게서 들은 실화인데, 소액사건에 대한 번거로운 재판을 하는 대신 재판관이 자기 지갑에서 원고에게 그 요구액을 주겠다고 했더니 원고가 그의 제의를 거부해서 크게 화를 냈다는 것이다. 원고에게 소중한 것은 자신의 권리이지 금전이 아니라는 것을 그 법률전문가는 전혀 알지 못한 것이다.

그렇다고 해서 그 재판관이 대단한 잘못을 한 것은 아니다. 책임을 져야 하는 것은 법학이기 때문이다. 권리침해 시에 이념적 가치를 보충하기 위한 충분한 수단으로서 로마의 재판관이 이용한 금전배상 판결Geldcondemnation[27]은 현대 증거이론의 영향으로 정의가 불법을 억제하기 위해 사용한 수단 중에서 가장 한심한 것으로 퇴보하고 말았다. 사람들은 원고에 대해서는 한 푼까지도 틀림없이 금전적 이익을 증명하라고 요구한다. 금전적 이익이 존재하지 않는 경우에는 권리보호가 어떤 것이 될지 살펴보아야 한다!

---

27 이에 대해서는 내가 《연보》(예링이 게르버와 함께 창간한 《현대 로마-독일 사법학 연보》를 말한다 ― 옮긴이) 18권 1호에 실린 논문에서 상세하게 설명했다. 로마법에서와 같이 오늘날의 프랑스 법원에서도 독일 법원의 잘못된 실무와는 정반대의 뛰어난 방식으로 금전배상 판결 제도를 이용하고 있다(원주).

임대차계약에 따르면 임차인도 이용할 권리가 있는 임대인의 정원을 임대인이 폐쇄했다고 가정해보자. 이때 임차인은 먼저 정원에 있는 것의 금전적 가치를 증명해야 한다! 그리고 임차인이 그 집으로 이사 오기 전에 임대인이 그 집을 다른 사람에게 임대하고, 그로 인해 임차인이 다른 집을 구할 때까지 반년이나 형편없는 곳에서 살아야 했다고 가정해보자. 또는 전보로 방을 예약한 여행자가 그 여관에서 숙박을 거절당해 긴급하게 다른 숙소를 찾아 몇 시간이나 밤에 마을을 방황했다고 해보자. 사람들은 이를 먼저 금전으로 평가한다! 더 정확하게 말하자면 사람들은 법원을 통해 무엇인가를 보상받고자 시도한다! 그러나 독일에서는 아무것도 얻을 수 없다. 왜냐하면 독일의 재판관은 아무리 불쾌감이 굉장하다 하더라도 금전으로 바꿀 수 없다고 하는 이론적 장애를 무시할 수 없기 때문이다(이것은 프랑스 재판관의 경우에는 전혀 주저할 원인이 되지 않는다).

어느 사립학교와 고용계약을 체결한 교사가 그 뒤에 더욱 좋은 자리를 발견해서 그 계약을 파기했는데, 그를 대신할 교사가 없었다고 가정해보자. 학생들이 몇 주나 몇 달 동안 프랑스어 수업이나 미술 수업을 받지 못한 것의 금전적 가치 또는 그 학교의 교장이 입은 금전적 손해를 추정할 수 있다. 마찬가지로 어느 가정부가 이유 없이 출근하지 않아 마을에서 그녀를 대신할 다른 사람을 찾지 못해 주인이 매우 곤란하게 되었다고 해보자. 사람들은 이렇게 어렵고 궁한 상황에 대한 금전적 가치를 입증하려고 한다.

그러나 이 모든 경우, 보통법에 따르면 구제받을 길이 전혀 없다.

왜냐하면 법이 권리자에게 제공하는 구제 수단은 일반적으로 입증하기 어려운 증거를 그 전제로 요구하기 때문이다. 간단히 증거를 제출할 수 있는 경우에도 단순한 금전적 가치의 요구는, 상대방 측의 불법을 효과적으로 저지하기에는 충분하지 못하다. 즉 그것은 일종의 무법 상태와 같다. 여기서 사람들을 압박하고 침해하는 것은, 사람들이 경험해야 하는 노고가 아니라 정당한 권리가 짓밟혔음에도 불구하고 어떤 구제 방법도 없다는 것에 대한 분노다.

이러한 결함을 고대 로마법 탓으로 돌릴 수는 없다. 왜냐하면 로마법은 최종 판결이 금전 급부를 명령하는 것밖에 없다고 하는 원칙을 언제나 지켜왔음에도 불구하고, 금전배상 판결로써 금전적 이익만이 아니라 다른 모든 정당한 이익도 효과적으로 보호되도록 이를 이용하는 것을 알았기 때문이다. 금전배상 판결은 재판관이 자기의 명령을 준수하도록 하기 위한 민사적 강제 수단이었다. 재판관의 명령에 따르기를 거부한 피고는 채무에 상당한 금전적 가치를 변제하는 것으로 끝나는 것이 아니다. 이 경우 금전배상 판결은 징벌이라는 성격을 띤다.

소송이 이러한 성과를 수반하는 것이었기 때문에 원고는 그로부터 사정에 따라서는 금전보다도 훨씬 소중한 것, 즉 **불성실한 권리 침해에 대한 윤리적 사죄[28]**를 확보했다. 이러한 윤리적 사죄 또는 윤리적 만족이라는 관념은 현대 로마법 이론에는 전혀 나타나지 않는다. 현대 로마법학은 이를 전혀 이해하지 못하고, 이행되지 않

28　침해받은 윤리적 인격의 회복을 말한다.

은 급부의 금전적 가치만을 고려할 뿐이다.

로마법의 민사벌Privatstrafe 제도가 현대 실무에 수용되지 않은 것도 현대 로마법이 권리침해 시에 이념적 가치의 문제에 둔감하다는 점과 관련된다. 신뢰를 배반한 수치인이나 수임인은 더 이상 명예박탈에 처해지지 않는다. 오늘날에는 극도로 비열한이라도 형법의 망으로부터 훌륭하게 벗어날 수 있다면 어떤 벌을 받지도 않고 큰 손을 흔들며 간다.[29]

로마법 교과서에는 징벌금이나 불성실한 채무 부인에 대한 징벌을 서술하고 있지만 실무 재판에서는 그런 법이 부과되는 경우가 거의 없다. 이는 어떻게 된 일인가? 현대에는 주관적인 불법이 객관적 불법의 수준으로까지 낮아졌기 때문이다. 현대법은 파렴치하게 자신의 금전소비대차상의 대금을 부인하는 채무자와 선의로 이를 부인하는 상속인을 구별하지 않고, 나를 속인 수임인과 단순히 부주의로 불이행한 것에 불과한 수임인을 구별하지 않는다. 요약하자면, 의도적이고 불성실한 권리침해와 부지나 과실이 전혀 구별되지 않는 것이다. 소송은 언제나 금전적 이익만을 둘러싸고 전개되는 것이다.

정의의 여신 테미스는 형법의 경우와 전적으로 마찬가지로 사법

---

29 내가 현행 로마법을 이야기한다는 점을 상기시키고 싶다. 이를 여기서 다시 강조하는 것은 내가 본문에서 위와 같은 점을 지적할 때 독일 형법 246조(횡령죄)와 266조(배임죄)를 잊고 있다는 비난을 하는 사람이 있기 때문이다. 내가 **현대 로마법**을 비판한다고 명백히 말하고 있는데, 그 독자는 몇 페이지 뒷부분을 읽을 때 이미 그것을 잊어버렸던 것이다!(원주)

에서도 단순한 **금전**이 아니라 **불법**을 저울로 재어야 하는데, 이러한 관념은 현대 법률가의 사고방식과는 너무나 동떨어진 것이 되었다. 굳이 그것을 말하고자 하면, 바로 그 점에 형법과 사법의 차이가 있다는 반론이 제기될 것이다. **현대**법에서는 유감스럽게도 그렇다. 그러나 법 자체가 그렇다고는 할 수 없다! 정의 이념의 완전한 전개가 허용되지 않는 법 분야는 있을 수 없지만, 정의 이념은 고의과실의 유무나 정도에 따른 판단과 끊으려 해도 도저히 끊을 수 없는 것이기 때문이다.

현대 법학의 우려할 만한 두 번째 오류는 증거이론이다.[30] 이 증거이론은 오로지 권리를 공허하게 만들기 위해 고안된 것이라고 생각하고 싶을 정도다. 세상의 모든 채무자가 채권자의 권리를 뺏으려고 한다고 가정해보자. 그들은 그 목적을 위해 우리의 법학이 증거이론을 통해 제공하는 것 이상으로 효과적인 수단을 발견할 수 없다. 어떤 수학자도 우리 법학의 증명법보다도 엄격한 증명법을 사용할 수 없다. 이 증명법은 손해배상소송이나 이행이익 등의 청구소송과 관련해 몰이해의 극치에 이르렀다.

로마 법률가[31]의 말을 빌리면 "법의 외관 아래에서 법 자체가 행

---

30 이에 대한 본문의 서술은 이 책의 초판 간행 당시(1872) 아직 존재한 보통법 소송에 관한 것임을 알아주기 바란다. 독일민사소송법(1879. 10. 1. 시행)에 따라 우리는 이 보통법 소송으로부터 해방되었다(원주).

31 《학설휘찬》, 45권 1장 '언어에서 생긴 채무에 관해' 91절 3에 나오는 파울루스Paulus의 주장이다. "(…) 그 대부분은 법학의 권위 아래에서의 끔찍한 오류였다in quo genere plerumque sub autoritate juris scientiae perniciose erratur." 그러나 이 법률가는 다른 오류에 대해 이렇게 말하고 있는 것이다(원주).

한" 엄청난 위법행위와 그것과 좋은 대조를 이루는 프랑스 법원의 방식에 대해 최근의 몇 가지 저술[32]에서 철저히 논의되었으니 여기에 덧붙일 점은 없다. 그러나 그것만으로 끝낼 수는 없다. 그런 소송은 원고에게는 불리하고 피고에게는 유리하다고 절규해야 한다!

자금까지 설명한 것을 요약해 나는 위의 절규가 현대의 법학과 실무의 슬로건이 되었다고 말하고 싶다. 이러한 학설과 실무는 유스티니아누스가 제기한 길을 걸어왔다. 즉 보호해야 하는 대상이 채권자가 아니라 채무자라고 하는 생각이다. 한 사람의 채무자에게 너무 엄격하다는 생각이 드는 정도라면 백 명의 채권자에게 명백한 불법을 가하는 것이 더 낫다는 것이다.

민법학자와 소송법학자의 상이한 이론으로 생긴 이러한 부분적인 무권리 상태가 더욱 확대되었다는 것은, 사정을 알지 못하는 사람이라면 거의 믿을 수 없을 것이다. 그러나 실제로는 앞서 말한 형법학자들의 오류로 인해 그렇게 된 것이다. 그 오류는 권리의 이념을 학살하는 것으로 학문이 범한 권리감각에 대한 죄 중에서 가장 무서운 것이다. 정당방위라는 권리의 모욕적인 축소가 바로 그것이다. 정당방위권은 인간의 시원적 권리이고, 키케로가 말했듯이 인간이 태어나면서 갖는 자연의 법칙이다. 로마 법률가들은 이를 세상의 어떤 법에서도 거부할 수 없다고 믿을 만큼 소박했다.[33]

---

32 특히 작센의 변호사 구스타프 레만이 1865년에 간행한《손해배상소송의 비상사태 *Gustav Lehmann, Der Nothstand der Schädenprocesse*》(원주).

33 "모든 법률, 모든 법은 폭력으로 폭력을 물리치는 것을 허용한다Vim vi repellere omnes leges omniaque jura permittunt."《학설휘찬》, 9권 2장 45절 4(원주).

그러나 만일 로마인이 근대 수 세기 동안 태어났다고 하면——
19세기에 태어났다고 해도—— 반대의 확신을 가졌을 것이다! 물론
최근 법률가도 원칙으로는 정당방위를 인정하지만, 민법학자나 소
송법학자가 채무자에 대해 보이는 것과 같은 범죄자에 대한 동정
심으로 이 권리의 실제 행사를 제한하고 축소했고, 그 결과 대부분
의 경우에 범죄자가 보호되고, 피해자는 무보호 상태에 놓이게 되
었다.

이러한 학설의 문헌[34]을 찾아보면 인격감각의 왜곡, 유약함, 단
순 소박하고 건전한 권리감각의 완전한 변질과 둔화라고 하는 두
려운 심연이 분명히 입을 열고 있다. 윤리적으로 거세된 사람들의
세계에 왔다고 생각될 정도다. 어떤 위험에 처해지거나 명예훼손
의 위협을 받는 사람은 물러서서 도망가야 한다.[35] 즉 불법에 그 장
소를 양도하는 것이 권리의 의무다. 다만 장교, 귀족, 이에 준하는
높은 지위에 있는 사람들도 도피해야만 하는가는 현인들 사이에서
의견이 갈라진 것에 불과하다.[36] 도피해야 한다는 가르침에 따라
두 번까지 물러섰으나, 세 번째는 따라오는 상대방에게 저항해 그
를 죽인 어느 병사는 "자신에게는 좋은 교훈이 되었고, 다른 사람에
게는 공포의 표본이 되도록" 교수형에 처해졌다!

높은 신분이나 좋은 가문의 사람들과 장교들에게는 자신들의 명

---

34 이에 대해서는 카를 레비타Karl Levita,《정당방위권*Das Recht der Nothwehr*》, 기센,
리커, 1856, 158쪽 이하 참조(원주).

35 같은 책, 237쪽(원주).

36 같은 책, 240쪽(원주).

예를 방어하기 위해 합법적인 정당방위에 나서는 것이 허용되어야 한다고 주장되었다.[37] 그러나 다른 학자는 바로 유보를 달면서 그런 사람들도 단순히 말로 명예를 훼손당한 것에 불과한 경우, 상대를 죽이는 것은 지나친 처사로 허용될 수 없다고 주장한다. 그리고 다른 사람들에게는 — 국가의 관리조차 — 같은 정도의 정당방위권이 인정되지 않는다. 가령 민사재판관의 경우, "오로지 법률을 담당하는 사람으로서 국법이 정한 범위 내에서 청구권을 인정받는 것에 불과하고 그 외에는 어떤 요구도 불가능하다"는 대우에 만족해야 했다.

가장 비참한 것은 상인이다. "상인은 아무리 부자라고 해도 예외 없이, 자기의 신용을 명예로 삼으며, 돈을 소유할 때만 명예가 있을 뿐이다. 따라서 상인은 명예나 평판을 잃을 위험이 없다면 나쁜 소리를 들어도 참을 수 있다. 특히 그중에서도 신분이 낮은 상인이라면 약간 아플 정도로 뺨이나 코끝을 맞아도 참을 수 있다." 만약 단지 농민이나 유대인이 이런 가련한 입장에 놓인다면, 자력금지의 위반으로 통상적인 형벌이 부과된다. 반면에 다른 사람들이 정당방위의 금지를 어긴 경우에는 '가능한 한 관대하게' 처벌된다.

특히 유익한 점은 소유권을 주장하기 위한 정당방위를 금지하려는 경우의 논리다. 어떤 사람은 소유권이란 명예와 꼭 마찬가지로 배상되는 것이라고 주장한다. 즉 명예가 '명예훼손 소권'으로 회복되듯이, 소유권은 '소유물반환청구권'에 따라 회복된다고 한다. 그

---

37 같은 책, 205, 206쪽(원주).

러나 강도가 물건을 가지고 도망간 경우, 그 강도가 누구이고 어디에 있는지 알지 못할 때는 도대체 어떻게 해야 하는가? 그러나 그런 걱정은 소용없다고 한다. 소유권자는 법률적으로는 여전히 '소유물반환청구권'을 가지고 있고, "경우에 따라서는 소의 목적이 실제로 달성되지 못하더라도 그것은 재산권의 성질과는 어떤 관계도 없는 우연적 사정의 결과에 불과하다"[38]는 것이다.

자신의 모든 재산을 유가증권의 형태로 가지고 걷다가 강도를 만나 아무런 저항도 못 하고 유가증권을 빼앗긴 경우, 그런 소리를 들으면 위안이 될지 모른다. 그는 여전히 소유권과 '소유물반환청구권'을 가지고 있고, 강도는 그것을 **사실상** 점유하고 있는 것에 불과하다! 그러나 이는 도둑이 사용설명서를 가지고 있지 않기 때문에 훔친 물건을 사용할 수 없다고 하는 피해자의 자위와 유사하다.

또 어떤 사람은 **지극히 비싼** 물건을 빼앗긴 경우에는 어쩔 수 없이 실력행사로 저지하는 것을 인정하지만, 피해자가 극도의 흥분상태에 있음에도 불구하고 공격을 물리치기 위해 필요한 힘을 정확하게 고려해야 할 의무가 있다고 주장한다. 피해자가 가해자의 정수리를 쳐서 부러뜨린 상황을 가정해보자. 사전에 그 두개골의 강도를 정확하게 측정하고 적당하게 때리는 방법을 충분히 연습할 수 있었고, 가해자에게 상처를 내지 않고 끝날 정도의 반격에 그치는 것이 가능했다고 하면 그러한 일격은 불필요하게 강력한 것으로써 책임을 지게 된다. 이러한 견해는 가해자의 입장을 이로스와

38 같은 책, 210쪽(원주).

의 결투에 대비하는 오디세우스의 입장[39]과 같다고 생각한다.

> 수난의 영웅 오디세우스는 이제 생각에 잠겼다.
> 상대가 바로 정신을 잃도록 힘껏 때릴 것인가,
> 아니면 바닥에 쓰러질 정도로만 가볍게 때릴 것인가.
> 망설이다가 결국 뒤의 계책이 좋다고 생각되었다.

이에 대해 그다지 고가가 아닌 물건, 가령 금시계나 몇 굴덴이나 기껏 2, 3백 굴덴밖에 들어 있지 않은 지갑을 도둑맞은 경우, 피해자는 적의 신체를 해쳐서는 안 된다. 신체와 생명과 온전한 사지에 비해 금시계란 아무것도 아닌 것이다! 금시계에는 얼마든지 대체품이 있지만 다른 것들은 전혀 대체할 수 없다는 것이다. 물론 이는 논란의 여지가 없는 말이다. 그러나 이 진리는 사소한 것을 간과한다.

첫째, 시계는 **공격을 받은 사람**에게 속하고, 사지는 **강도**의 것이다. 강도의 사지는 분명히 **강도 본인**에게 소중하지만, **공격을 받은 사람**에게는 어떤 가치도 없다. 둘째, 시계에는 분명히 **대체물이 있지만**, 도대체 **누가** 그것을 부담하는가? 대체물이 있음을 가르쳐준 재판관이 부담할 생각인가?

---

39 《오디세이아*Odysseia*》, 18권 90행 이하(원주).

권리 투쟁은 의무

학설의 어리석음과 본말 전도에 대해서는 이 정도로 말해 충분할 것이다! 건전한 권리감각에 따르면, 설령 단순한 시계 하나에 대한 권리라고 해도 권리가 공격받아 침해된다는 것은 인간 그 자체, 즉 그의 모든 권리와 전인격이 공격받고 침해되는 것을 의미한다. 하지만 학설은 이렇게 단순하고 소박한 생각을 완전히 간과하고, 자기 권리의 포기와 불법으로부터의 도망을 법적 의무라고까지 설명하기에 이르렀다. 이는 우리에게 얼마나 부끄러운 일인가!

학설상 이러한 견해가 학문이라는 이름으로 대로를 활보하고 비겁한 마음과 불법의 무감각한 감수가 국민의 운명까지 결정한 시대에 그것은 당연하지 않았겠는가? 새로운 시대[40]에 들어선 우리가 이러한 견해를 갖는다는 것은 있을 수 없다. 그것은 정치적으로도 법적으로도 파탄한 국민생활의 늪 속에서만 번성할 수 있기 때문이다.

앞에서 소개한 비겁한 이론, 즉 위협당한 권리의 포기를 의무로 만드는 이론은 거꾸로 권리를 위한 투쟁을 의무로까지 높이는 내 주장과 정면으로 충돌하는 학설이다. 이 정도는 아니라고 해도 건전한 권리감각이라는 높이에서 본다면 역시 지극히 낮은 수준에

---

40 보불전쟁에 승리한 이후의 시대를 말한다.

있는 것이 현대 철학자 요한 프리드리히 헤르바르트[41]의 법의 궁극적인 요인에 대한 학설이다. 헤르바르트에 따르면 법의 궁극적 요인은 일종의 심미적인— 심미적이라고밖에 말할 수 없다— 동기, 즉 분쟁에 대한 불쾌감이라고 하는 동기에서 찾을 수 있다.

이러한 견해는 전혀 지지할 수 없는 것임을 여기서 밝힐 수는 없다. 다행히도 내 친구가 여기에 대해 논의[42]하고 있으므로 그것을 참조하고자 한다. 법을 평가하는 경우에 심리적인 관점에 서는 것도 일리가 있지만, 법의 미학적 아름다움은 투쟁을 **배제하는** 것이 아니라, 법과 권리가 투쟁을 **그 자체 속에 포함하는** 것에 있는 것이 아닐까? 투쟁 그 자체를 미적이지 않다고 생각하는 사람은— 그때 투쟁의 윤리적 의의는 전적으로 도외시되지만—호메로스의 《일리아스*lias*》나 그리스인의 조각 작품으로부터 현대에 이르는 모든 문학과 예술을 말살하는 일과 다를 바 없다. 왜냐하면 문학과 예술에서 여러 가지 형태의 투쟁만큼 강력한 매력을 보여줄 수 있었던 소재는 없기 때문이다.

인간의 힘이 극도로 긴장해 나타나는 투쟁은 문학과 예술이 찬양해온 것이지만, 이를 보고 미적 만족감이 아니라 미적 불쾌감을 느끼는 사람은 도대체 어디에 있는 것일까? 문학과 예술의 최고 주

---

41 요한 프리드리히 헤르바르트Johann Friedrich Herbart(1776~1841)는 독일의 철학자·심리학자·교육학자로, 미학은 협의의 미학과 윤리학으로 성립한다고 보고, 윤리학의 대상 중 하나인 법도 미학으로 다루었다.

42 율리우스 그레이저Julius Glaser,《형법 민사소송 형사소송 논문집*Gesammelte*》, 빈, 1868, 1권, 202쪽(원주).

제, 즉 가장 강력한 주제는 언제나 인간이 이념을 위해 일어선 것이고, 앞으로도 그럴 것이다. 법과 권리이든, 조국이든, 신앙이든, 진리이든, 어떤 이념을 위해 일어서는 것이다. 그리고 그것은 언제나 하나의 투쟁이다.

그러나 무엇이 법과 권리의 본질에 맞고, 무엇이 반하는가를 명백하게 밝혀야 하는 것은 미학이 아니라 윤리학이다. 그리고 윤리학은 권리를 위한 투쟁을 비난하기커녕 내가 이 책에서 서술한 조건이 갖춰진 경우에는 여러 개인과 여러 국민에게 권리를 위한 투쟁을 의무로 만든다. 헤르바르트가 법과 권리의 개념에서 배제하려는 투쟁의 요소는 법과 권리의 가장 본질적이고 영원한 내재적 요소다. **투쟁은 법과 권리의 영원한 노동이다.**

노동이 없으면 재산이 없듯이, 투쟁이 없으면 법과 권리가 없다. "땀을 흘리지 않고서는 빵을 먹을 수 없다"는 명제가 진실이듯이 "투쟁에서 너의 법과 권리를 발견하라"는 명제도 진실이다. 법과 권리가 투쟁의 준비를 포기하는 순간, 자신을 포기하는 것이 된다. 왜냐하면 저 문호[43]의 다음 잠언은 법과 권리에도 적용되기 때문이다.

지혜의 마지막 결론은
자유와 삶을 날마다 쟁취하는 자가
그것을 누린다는 것이다.

---

43 독일의 극작가이자 시인인 괴테를 말한다.

1.　　들어가면서

이 책은 고전인가?

최근 고전 읽기에 대한 관심이 높아지고 있는 것은 참으로 반가운 일이다. 고전에는 여러 학문과 관련되는 것도 있고 하나의 학문과 연관되는 경우도 있다. 흔히들 법학 분야의 고전으로는 플라톤의 《법률*Nomoi*》, 몽테스키외의 《법의 정신》 그리고 예링의 《법과 권리를 위한 투쟁》 등을 들지만[1] 세 권 다 법학 수업에서는 거의 논의되지 않는다. 이는 철학을 비롯한 다른 학문 분야에서 고전이 그 학문의 본질과 연결되는 것과 비교하면, 기이한 현상이 아닐 수 없다. 법학 수업의 대부분은 흔히 6법이라고도 하는 실정법 해석론으로

---

[1]　그 밖에 토머스 모어Thomas More(1478~1535)의 《유토피아*Utopia*》를 드는 경우가 있지만 법에 대한 이야기가 거의 없고 법이나 법률가가 없는 곳을 유토피아라고 하는 그 책을 법학의 고전이라고 보기는 힘들다. 또 베카리아Cesare Beccaria의 《범죄와 형벌*Dei delitti e delle pene*》을 들기도 하지만 그 책은 형법, 그중에서도 사형을 비롯한 형벌론에 치중하고 있다.

이루어진다. 그런 해석론에서 위 세 권의 고전이 언급되는 경우는 거의 없다. 반면 법철학과 같은 과목에서는 약간 언급되기도 하지만 그 수업에서도 이 책들의 비중은 그다지 크지 않다. 게다가 법학부에서는 법철학이라는 과목 자체의 비중이 거의 없다.

그래도 《법》과 《법의 정신》과 《법과 권리를 위한 투쟁》 중에서 고전으로서 딱 한 권만을 꼽으라면 당연히 《법의 정신》이다. 그것은 일반인을 위한 고전에도 반드시 포함된다. 민주주의의 핵심 원리인 삼권분립을 최초로 주장한 책으로 중시되기 때문이다. 반면 《법과 권리를 위한 투쟁》은 법학에 대한 최소한의 지식 없이는 읽기가 쉽지 않고 일반인에게는 고전으로서의 가치가 크다고 생각되기도 쉽지 않다. 물론 이 책을 번역한 한 법학자는 "인류 법학사에서 최고의 고전으로 평가받는다"고 하고 "이 책만큼 법률 전공자뿐만 아니라 비전공자들에게 폭넓은 사랑을 받고 있는 법서는 없을 것"이라고 보기도 하지만[2] 적어도 세계 고전 백선과 같은 목록에 이 책이 포함되는 경우는 거의 없다. 백선이 아니라 더 많은 권수의 목록에도 들어 있지 않다. 그러나 법학도는 물론 일반인도 일독할 가치가 있는 책이라는 점은 부정할 수 없다. 특히 법이 바뀌면 법서가 바뀌어야 하는 법학 분야에서 책의 생명력이 고작 몇 년인 점에 비하면, 약 150년 전인 1872년에 초판이 나온 이 책은 그 수명의 점에서도 법학 분야에서는 분명히 고전이라고 할 만하다.

그러나 그 책이 쓰인 시대만이 아니라 지금도 충분히 읽을 만한

---

2 윤철홍 옮김, 《권리를 위한 투쟁》, 9쪽.

가치가 있다는 점에서 고전이라고 할 수 있는지에 대해서는 의문이 제기될 수도 있다. 특히 이 책이 '권리 투쟁'으로서의 재판을 적극적으로 강조한 책으로 읽히는 점에 대해서는 긍정적으로 평가할 측면도 있지만, 부정적인 측면도 있음을 주의할 필요가 있다. 자신의 권리를 찾기 위한 수단의 하나로 재판이 중요하기는 하지만, 그것이 갖는 역기능적인 측면도 크다는 것을 우리는 상식적으로 알고 있기 때문이다. 게다가 재판을 이용해 남의 권리를 부당하게 뺏으려는 경우도 많기 때문이다. 이 책의 저자인 예링만이 아니라 양심적인 법률가라고 한다면 그런 권리 투쟁을 권하지는 않을 것이다. 재판으로 먹고 사는 직업인 변호사는 무조건 재판을 권유하겠지만, 간디처럼 재판은 결국 양 당사자를 망하게 할 뿐이니 화해를 권유하는 양심적인 변호사도 아주 드물지만 전혀 없는 것은 아니다.

나는 지금까지 여러 번 경찰과 검찰의 수사를 받은 경험이 있다. 어려서는 독재정권에 항의하는 시위에 참가했다는 이유로 강제수사를 받곤 했었지만, 나이 쉰이 넘어 수사를 받을 때에는 주변의 권유로 변호사에게 도움을 요청했다. 지금 생각하면 참으로 어이없는 짓이었지만, 너무나도 황당하게 명예훼손을 이유로 고발을 당하고, 상대방이 그곳 검사장을 그만두고 개업한 변호사를 동원한다기에, 소위 전관예우라는 사법부패로 인해 불리한 판결을 받는 한국의 현실에서 어쩔 수 없이 한 행동이었다. 게다가 몇백만 원의 수임료를 받은 변호사가 나에게 해준 것이라고는 검찰에 아는 사람이 없느냐고 한마디 물은 것밖에 없었다. 이런 현실에서 무슨 정의이고 재판인가! 나는 그 사건을 경험하면서 느낀 절망감으로 몇 년 뒤에 법학부를 떠났고, 법학을 깨끗이 포기했다.

19세기 사람 예링도 상상조차 할 수 없을 정도로 황당무계한 이 따위의 현실, 즉 수사와 재판이 판검사와의 연줄이나 권력과의 관계로 움직이는 이 더러운 현실에서는 그런 연줄이나 뒷배가 있는 사람들만이 그들의 이익을 위해 소송을 수행할 수 있을 것이고, 정의를 지키는 법이니 재판이니 하는 소리는 그야말로 그런 자들을 위한 헛소리에 그칠 것이다. 이런 현실에서 자신의 권리를 부당하게 침해당하면 끝까지 싸워야 한다고 주장하는 이 책이 우리에게 과연 얼마나 의미가 있을지 모른다는 생각도 해본다.

그러나 예링의《법과 권리를 위한 투쟁》은 소송만능론이나 재판만능론을 주장하는 책이 분명히 아니다. 어디까지나 부당하게 침해당한 경우, 특히 부당한 권력에 의한 인권 침해의 경우 더욱 재판을 통해 끝까지 싸우라고 주장한다. 그리고 그러한 개인적 차원의 권리 투쟁은 사회적 차원의 권리 투쟁으로 이어지고 그런 투쟁을 통해 법이 만들어진다고 저자는 말한다. 그러나 모든 법이 그런 투쟁의 산물이라고 보기는 어려울 것이다. 권력자의 자의에 따라 일방적으로 만들어지는 악법도 얼마나 많은가! 물론 예링은 그것에 대해서도 재판을 통해 투쟁해서 옳은 법을 만들어야 한다고 말하지만 과연 언제 어디서나 법이 그렇게 생겨나는지에 대해서는 의문이 적지 않다.

이처럼 개인과 사회의 결부를 중시한 점에서 예링을 개인주의자임과 동시에 사회주의자라고 보는 견해도 있지만, 그의 사회주의는 마르크스가 말하는 사회주의자가 아니라 사회민주주의자였음에 주의할 필요가 있다. 뒤에서 보듯이 그는 독일통일주의자로서 민족주의자이기도 해 사후에 나치와의 사상적 관련이 문제되기도 했지만, 그런 정도로 나치와의 관련성을 문제 삼는다면 나치 이전의 독일인 가운데 문제되지 않을 사람이 거의 없을 것이다.

나는 무엇보다도 예링이 19세기의 개념법학을 비판하고 20세기의 새로운 현실법학의 선구가 된 점을 높이 평가한다. 그리고 그 점이 21세기를, 아직도 법치주의 이전의 황당무계한 전근대적 법의 세계를 사는 우리에게 의미를 갖는다는 사실을 강조하고자 한다. 그런 황당무계한 사건은 한두 가지가 아니지만, 재판을 정치적 거래의 대상으로 삼은 대법원장과 법원행정처장 등의 '사법농단'만큼 심각한 사건이 또 있을까? 그런 재판관들에게 재판은 '권력을 위한 투쟁'일 뿐이다. 그 밑에서 부자나 권력자들을 변호하고 엄청난 돈을 버는 변호사들에게 재판은 '고수입을 위한 투쟁'일 뿐이다. 그리고 로스쿨이나 그곳에 가려고 몸부림치는 아이들에게 재판은 '출세를 위한 투쟁'일 뿐이다.

이 책과의 만남

내가 법학부에 다니던 1970년대 초 '독서 강독'이라는 과목이 있었다. 그때 루돌프 폰 예링의 《법과 권리를 위한 투쟁》을 교재로 삼아 독일어 원서를 처음으로 읽었다. 그리고 1970년대 말부터 같은 법학부에서 강사로 그 과목을 가르칠 때도 이 책을 사용했다. 독서 강독이라는 과목은 우리나라 법이 주로 독일법 영향을 받았기 때문에 독일법 책을 읽기 위한 준비로 마련된 과목이고, 독일법 책 가운데 이 책의 분량이 가장 적고 유명세도 있으며 유일하게 복사본이 있던 탓에 주로 선택되었다.

그러나 대부분의 법학도에게는 그 수업에서 이 책을 읽는 것 외에 독일어 책을 읽을 기회가 거의 없기 때문에, 독일법이나 예링의 법사상에 대한 지식을 더 쌓지 못하고 한때의 추억으로 그치는 것 같았다. 가끔 졸업생을 만나서 물어보면 책의 내용보다도 그 책에 대한 나의 이야기, 특히 암울했던 1970년대 말과 1980년대 초의 현실과 관련된 이야기가 기억에 남는다고들 했다. 그리고 책의 내용과 관련해서는 제목 외에 남는 것이 없다는 이야기도 많이 들었다 (나의 강독 수준이 문제였겠지만).

독서 강독의 교재로 예링의 이 책이 주로 사용된 이유에는 일본에서 19세기 말부터 이 책이 법학자들 사이에서 널리 읽혔고, 자유민권운동의 논거로도 자주 인용되었으며, 구제 고등학교에서부터 독일어 교재로 널리 사용되어 해방 후 한국에서도 그대로 이어졌다는 점도 있다.[3] 즉 일본의 영향을 받은 것으로 판단된다. 물론 한국의 법학 전체가, 아니 법률 문화 전체가 일본의 영향을 받았다.

《법과 권리를 위한 투쟁》의 일본어 번역은 1886년에 처음으

---

3 내가 아는 한 한국어로 된 최초의 번역은 김정돈이 번역하고 1954년 광지사에서 간행된 것이다.

로 나왔는데, 그 출판을 위해 예링 자신이 엄청난 노력을 했다. 즉 1885년 일본으로 파견될 게오르크 미햐엘리스Georg Michaelis가 아무런 자격이 없음에도 불구하고 예링은 그에게 파견 조건인 법학박사 학위를 수여했는데, 이는 자신의 저서를 일본어로 번역하는 것과 바꾼 것이라고 볼 수도 있었다. 1886년 일본어 번역본이《독일학협회잡지》에 연재되었으나 완역은 아니었다. 이는 최초의 비유럽어 번역으로, 예링의 사후에 나온《법과 권리를 위한 투쟁》11판 서문에도 그 번역 사실이 실려 있다.

그 서문에는 이 책의 번역이 여러 나라 말로 번역되었다고 하지만(지금까지는 50여 개 이상의 언어로 번역되었다고 한다), 이 책은 독일법의 영향을 받은 몇 나라, 가령 일본과 대만과 대한민국 정도에서 유명하다고 보는 것이 타당하다. 이 책의 영어판이나 불어판 번역서 등이 있지만 영어권이나 불어권의 법학자들에게 언급되는 경우는 거의 없다. 예링의 이익법학이나 목적법학과 같은 다른 주장도 독일법권에서만 회자되는 것에 불과하다.

독일법권의 법학 내지 법이 세계적인 보편성을 갖는 경우란 현대헌법의 효시라고들 하는 1919년의 바이마르헌법 정도다. 특히 이것이 우리나라가 헌법을 제정할 때 롤 모델이었기 때문이기도 하다. 그래서 나는 독서 강독 수업을 그 헌법으로 할까도 생각했었다.

그러나 그렇게 해볼 틈도 없이 언제부터인가 법학부에서 독서 강독 과목은 사라졌다. 아마도 사법시험 등의 수험 준비에 도움이 되지 않은 탓이었으리라. 나 자신도 1981년부터 2008년까지 전임으로 근무한 법학부에서 주로 노동법을 강의했기 때문에 그 책을 다시 가르칠 기회가 없었다.

법학부에 근무한 27년간 학생들에게 법공부 외에 고전 독서를 비롯한 교양 공부를 열심히 권해왔지만 내가 학생들에게 권한 교양 독서 목록은 대부분 법학 이외의 책들이었다. 그러나 '법과 예술'을 가르치면서도 예링의 이 책을 언급할 기회가 있었다. 그것은 예링이 이 책에서 셰익스피어의《베니스의 상인》에 대해 언급하기 때문이다. 그 내용에 대해서는 뒤에서 다시 설명하도록 하겠다.

2008년 법학부가 법과대학원으로 바뀔 때 그곳으로 가지 않고 교양학부로 간 여러 가지 이유 중에는, 그동안 강의한 법과 예술 같은 과목이 법과대학원 과목으로 권장되었음에도 불구하고 내가 속한 대학교의 법과대학원에서 채택되지 않은 것처럼, 내가 생각한 법과대학원과 현실의 법과대학원이 너무나도 달랐던 점이 있었다. 종래의 사법고시 중심의 법학교육을 지양하고 교양 있는 법조인을 양성한다는 것이 법과대학원 설치의 중요한 이유 중 하나였으나, 현실의 법과대학원은 종래의 고시학원 수준을 벗어나지 못하고 있다. 그런 암담한 수준을 벗어나는 길의 하나가 이런 고전을 읽는 것이라고 확신한다. 특히 개념법학을 비판한 예링의 이 책을 읽을 필요가 있다.

2.　예링을 이해하기 위한
　　　　몇 가지 상식

로마법

예링를 이해하기 위해서는 사비니로 대표되는 19세기 전반 독일 법학을 살펴볼 필요가 있다. 초기 예링은 사비니의 제자였다고 해도 좋을 정도로 그의 영향을 많이 받았기 때문이다. 그런데 그 전에 19세기까지 독일의 보통법인 사법이었던 로마법에 대해 아주 간단한 정도로라도 이해할 필요가 있다.

　전설에 따르면, 로마는 기원전 753년에 건설되었다고 하지만 사실은 알 수 없다. 같은 전설이지만 단군조선보다 훨씬 늦다. 역시 전설에 따르면, 고대 그리스의 영웅인 아이네아스Aeneas의 후예이자 전쟁의 신 마르스의 쌍둥이 아들로 태어난 로물루스Romulus와 레무스Remus 형제가 테베레 강가 동쪽에 있는 로마의 일곱 언덕 가운데 하나인 팔라티노 언덕 위에 로마를 세웠지만, 형제 사이의 불화로 레무스는 로물루스에게 죽임을 당했다고 한다. 그 후 로물루스는 자기의 이름을 따서 그 도시국가를 로마라고 했고, 로마의 건국

시조로 추대받지만, 이는 어디까지나 전설에 불과하다.

실제로는 기원전 8세기경, 북방에서 이탈리아 반도로 이주해온 민족이 테베레강 하구에 정착한 것이 로마의 시초로 추정된다. 도시국가 로마의 고대법은 민족적 색채가 짙은 형식주의적인 엄격한 법으로 주로 관습법이었고, 이는 기원전 449년의 12표법으로 성문화되었다. 세계 최초의 성문법이라고 하는 12표법은 평민의 세력이 증대함에 따라 귀족에게 법전 편찬을 요구해 시장에 공시한 것으로 공법과 사법이 혼재한 것이었지만, 사법 규정이 압도적으로 다수를 차지했다.

12표법으로부터 시작된 로마법은 기원전 3세기에 세계 국가 내지 상업 국가 시대를 맞이하면서 로마 시민에게만 적용되는 시민법과 더불어, 비시민의 섭외법인 만민법이 형성되어 자유 방식의 개인주의적 색채를 띤 거래법, 즉 상업적이고 기술적인 성격의 법으로 발달했다. 이러한 로마법, 특히 그 사법의 성격으로 인해 르네상스 이래 유럽의 보통법으로 원용될 수 있었다.

이와 함께 소송을 지휘하는 법무관에 의한 법무관법도 형성되었고, 법무관에게 조언하는 법학자들에 의한 학설법도 나타났다. 이러한 로마법의 근대화는 법무관법·학설법·칙법勅法 등을 통해 순차적으로 이루어졌다. 예링은 이 시기를 로마법이 최고로 발전한 그 '중기'라고 부르지만 보통은 고전법 시대라고 한다.

고전법 시대에 이어지는 제3기는 전제정으로 인한 로마의 쇠퇴·분열·멸망이 있었던 시기인데, 530년경 유스티니아누스 1세 때에 완전히 정립된다. 유스티니아누스 법전의 로마법은 후에 동로마제국에서 비잔틴화·그리스화했고, 비잔티움제국 사법제도의 근간이 되지만, 실제로는 거의 도움이 되지 못했다.

그러나 로마법은 중세에 이탈리아에서 부활해서 주석학파를 탄생시키고, 프랑스와 독일에 계승되었다. 로마 사법의 근대적 합리성은 로마법의 특색이자 생명이었다. 로마법은 넓은 의미에서 고대 로마에서 시행된 법만이 아니라 18세기 말까지 유럽 전체에서 사용된 사법제도라고 볼 수 있으며, 독일과 같은 국가에서 로마법의 실제 적용은 1900년 1월 1일에 《독일 민법전》이 시행될 때까지 더 오랫동안 계속되었다. 따라서 예링이 로마법학자였다는 것은 사실상 민법학자였음을 뜻했다. 물론 로마법이 현행법으로 행해졌다고 해도 그것은 각 도시나 나라에 독자적인 법이 없는 경우에 보충적으로 적용되는 것에 불과했다.

이러한 이유로 현대 유럽 국가들과 그 국가들로부터 영향을 받은 나라들의 사법제도는 로마의 영향을 크게 받고 있으며, 특히 민법에서의 영향은 더 크다. 영국은 로마법의 영향을 상대적으로 적게 받았음에도 불구하고 영국과 북아메리카의 관습법은 로마법에 의존하는 정도가 크다.

오늘날 세계의 거의 모든 법제가 다소간 로마법의 영향하에 있다고 해도 과언이 아니다. 그래서 예링은 "로마는 세계를 세 번 지배했다. 첫째는 무력으로, 둘째는 그리스도교로, 셋째는 법으로"라고 했다.

사비니

프리드리히 카를 폰 사비니는 19세기 중엽까지 독일의 대표적인 법학자였다. 귀족 출신으로서 21세부터 대학에서 강의한 그는 24세에 500쪽에 이르는《점유권Recht des Besitzes》으로 로마법의 대가가 되어 1810년 31세의 나이에 베를린대학교의 교수가 되었다.

그리고 같은 해 총장 선거에서, 우리에게도《독일 국민에게 고함 Reden an die deutschen Nation》으로 유명한 철학자 피히테Johann Gottlieb Fichte와 다투어 한 표 차이로 졌다. 당시 피히테의 나이는 48세였다. 19세기 초에 총장 선거가 있었다는 것도 신기하거니와 교수로 막 부임한 31세의 신진 교수가 48세의 대교수와 다투었다는 점도 흥미롭다. 더욱 흥미로운 것은 그 신진 교수가 2년 뒤 33세로 총장이 된 점이다.

그는 총장만이 아니라 추밀원 의원(1817), 법률개정위원회 위원(1926), 라인고등법원 판사(1819), 그리고 1842년 베를린대학교를 사임한 뒤 프로이센일반법의 개정을 담당하는 입법장관, 추밀원 의장(1847) 등으로 일한 뒤 1848년 혁명으로 공직에서 물러났다가 1850년 이후의 복고기에는 왕과 관료층에게 상당한 영향력을 행사했다. 그만큼 그는 보수적인 사람이었다.

그러나 그는 무엇보다도 학자로서, 특히 로마법학자로 유명했다. 그의 저술 중 특히 유명한 것은 중세 대학 및 법학과 그 교육의 역사적 전통에 대한 저술인《중세 로마법사Geschichte des römischen Rechts im Mittelalter》(1815~1831) 여섯 권과 근대 사법학의 기본 이론을 확립한《현대 로마법체계System der heutigen Römischen Rechts》(1840~1849) 여덟 권이다. 후자는 법원法源론, 법해석론으로 시작해 법률관계론에서 민법의 총칙을 전개하고 마지막에는 국제사법까지 미치는 방대한 내용의 책이다.

종래 사비니 해석의 중심은 민족이나 민족정신에 있었으나, 최근에는 사비니가 평생을 일관해 역사적 방법과 철학적(체계적) 방법을 통해 실정법학의 건설을 시도했다고 보는 비아커 등의 견해가 유력하다. 즉 사비니 이전에 중시된 실용적 직업교육과 전문적 기술지식 대신 역사적으로 검증된 법 소재에 내면적이고 유기적인 체계를 부여해 법의 전문지식을 학문으로, 즉 법학으로 고양시키는 것이 사비니의 과제였고, 그가 그것을 달성했다고 보는 것이다. 그러나 이러한 견해도 사비니의 민족 개념에 입각한 역사법학의 가치를 부정하는 것은 아니다.

예링도 이러한 근대 사법체계의 형성자로서의 사비니를 비판하는 것이 아니라, 역사법학자로서의 사비니, 그리고 그의 후계자인 푸흐타를 비판한다는 점을 주의해야 한다. 사비니는 로마법을 소재로 해 근대 사법체계를 형성하기 위해 주로《로마법대전》가운데《학설휘찬》을 사용했다. 이는 라틴어로 '디게스타' 또는 '판덱타'로 불렸고, 독일에서는 후자가 '판데크텐'으로 불렸다. 사비니 이후 독일의 로마법학은 그 판데크텐체계에 따라 형성되었기 때문에 '판데크텐 법학'이라고 부르고 그 체계적인 저술을 '판데크텐 교과서'라고 불렀다. 예링도 대표적인 판데크텐 법학자였다.

이 책의 본문에서 예링이 말하듯이 사비니는 역사주의의 입장에서 법의 자연적 생성을 주장했고, 나아가 로마법을 소재로 해 근대경제사회의 필요에 응해 근대사법의 체계를 수립했다. 그는 법은 언어와 마찬가지로 민족정신으로부터 자연발생적으로 서서히 생겨나고 소멸하는 것으로서, 개개인의 자의가 아닌 공동체 안의 공동규범의식Gemeinschaftliches Bewusstsein에 기반을 두고 있으며, 따라서 입법자의 자의에 따라 인위적으로 급속하게 변경되거나 폐지되어서는 안 된다고 생각했다. 그리하여 법의 역사적 고찰과 연구, 특히 로마법의 역사적, 체계적, 발전사적 연구에 열중하고, 그것을 통해 민법학과 국제사법학에 공헌했다.

따라서 법은 민족정신의 소산으로서 원래 민족법이라고 보는 것이 역사법학의 핵심이다. 여기서 민족이란 국가 이전의 자연적이고 정신적인 공동체를 말한다. 즉 경험적인 사회가 아니라 형이상학적인 의미를 갖는 정신적 문화세계의 개념이다. 민족정신의 산물인 법도 내적인 힘과 필연성에 근거해 생성되고 발전한다. 이러한 유기적 발전이론에 따라 법은 개인의 자의적 산물이 아니라 전통을 통해 유지되고 과거와 연결되어 점차적으로 형성된다고 본다.

역사법학은 법의 역사적 연구를 중시해 뒤에 법제사 연구의 원류가 되었다. 19세기 당시 독일에, 나폴레옹 시대에 제정된 프랑스 민법전이 도입되어 민법전 제정 운동이 벌어졌으나, 사비니를 비롯한 역사법학파는 그 운동에 반대했다. 사비니는 법을 언어와 마찬가지로 민족 공통의 확신인 민족정신Volksgeist의 발로로 민족의 역사와 함께 스스로 발전한다고 보았다. 따라서 프랑스의 자연법론을 부정했으나 민법전 제정에 대해서는 분명한 견해를 밝히지 않았다. 사비니는 게르만 민족의 전성기인 신성로마제국을 중시하고 그 법적 근거인 로마법 이론에서 새로운 독일법을 추구하면서 전통 독일법인 게르만법을 무시했다. 여기서 역사법학파는 로마니스텐(로마법학자)과 게르마니스텐(게르만법학자)으로 분열했다. 그러나 그가 강조한 민족정신은 뒤에 히틀러의 나치에 이용되기도 했다.

3. 예링의 삶

학생 예링

이 책의 내용을 살펴보기 전에 예링의 생애에 대해 간단히 스케치해보자. 이 책의 제목처럼 '투쟁'이라고 하면 운동권을 생각하는 사람들이 있을지 모르지만, 적어도《법과 권리를 위한 투쟁》을 쓴 1872년 54세의 빈대학교 교수였던 예링은 운동권이 아니었다. 그 시대 독일에도 '투쟁'을 입에 달고 사는 운동권이 있었다. 운동권의 대부라고 할 만한 카를 마르크스Karl Marx는 예링과 같이 1818년에 태어나 예링보다 9년이 빠른 1883년에 죽었다. 두 사람 모두 앞에서 본 사비니와 달리 귀족이 아니라 평민 출신이었다.

　예링은 1818년 독일 북부에 있는 오스트프리슬란트의 북해 해안 도시인 아우리히에서 태어났으나, 마르크스는 독일 남부 트리어에서 태어났다. 독일에서도 남부와 북부 사람은 서로 다르다. 북부 사람들은 권위주의적이지만 남부 사람들, 특히 프랑스와 인접한 트리어 사람들은 자유주의적이다. 게다가 당시 천대받던 유대인 출신의 마르크스와 달리, 예링은 앞에서 보았듯이 대대로 법률가와 관료를 배출한 명문가 출신이었다.

두 사람 모두 김나지움을 나와 마르크스는 본, 베를린, 예나의 대학교에서 법학, 철학, 문학, 역사학을 공부했고, 예링은 하이델베르크, 괴팅겐, 뮌헨의 대학교에서 법학을 공부했는데, 대학 시절의 그들에게는 큰 차이가 없어 보인다. 적어도 대학 시절에는 마르크스와 예링 모두 학생운동에 참가했기 때문이다. 그러나 뒤에서 보듯이 마르크스는 대학 졸업 뒤에도 계속 운동권으로 살았으나 예링은 그렇지 않았다.

그러나 대학 시절 운동권이었다는 이유로 두 사람 모두 공무원이 될 수는 없었다. 정부가 내린 포고로 예링은 관리 시험에 대한 수험 허가를 거부당해 교수가 될 수밖에 없었다.[4] 이에 대해 예링은 본래 공무원이 되고 싶었지만 그의 형이 이미 공무원이어서 임용시험을 칠 수 없었다고 보는 견해[5]도 있고, 예링 스스로는 하노버왕국에서는 귀족이나 관리의 자제만이 수험 자격이 있었기에 자신은 처음부터 공무원이 될 수 없었다고 설명하지만, 그 두 가지 모두 부자연스럽다. 왜냐하면 만일 두 가지 이유가 사실이라면 처음부터 공무원이 될 생각을 할 수 없었기 때문이다.

예링은 1836년 18세의 나이에 하이델베르크대학교에 입학한 뒤

---

4   Okko Behrends, Rudolf von Jhering(1818~1892), Der Durchbruch zum Zweck des Rechts, in *Rechtswissenschaft in Göttingen, Göttinger Juristen aus 250 Jhahren*, hrsg. v. Fritz Loos, Göttingen, 1987, S. 245.

5   윤철홍의 견해. 앞의 책, 136쪽. 이는 예링의 딸이 주장한 것이다.

뮌헨대학교를 거쳐 1837년 겨울 학기에 괴팅겐대학교로 옮겼다. 바로 그때 '괴팅겐 7교수사건'이 터졌고, 예링도 이와 관련된 학생 운동에 참가했다. 이 사건은 독일의 괴팅겐대학교에서 1837년에 하노버의 국왕 에른스트 아우구스트 1세Ernst August I의 헌법 개혁에 이의를 제기한 일곱 명의 교수가 파면당하고 국외로 추방된 것을 말한다. 이는 역사학자인 프리드리히 크리스토프 달만Friedrich Christoph Dahlmann 교수가 주도했고 독문학자 빌헬름 그림Wilhelm Grimm과 야코프 그림Jakob Grimm 형제, 법학자 빌헬름 에두아르트 알브레히트Wilhelm Eduard Albrecht, 역사학자 게오르크 고트프리트 게르비누스Georg Gottfried Gervinus, 물리학자 빌헬름 에두아르트 베버 Wilhelm Eduard Weber, 신학자이자 동양학자였던 하인리히 게오르크 아우구스트 에발트Heinrich Georg August Ewald가 함께한 사건이었다. 이 사건으로 인해 독일과 유럽에서 일곱 명의 교수들은 큰 인기를 얻었고, 사후에도 그들의 노력은 1848년 3월 혁명을 비롯해 독일 정치에 큰 영향을 주었으며, 독일에 자유주의 공화국이 세워지는 데 크게 기여했다.[6]

이 사건을 계기로 예링은 1838년 여름 학기에 베를린대학교로 옮겨가 학자가 되기 위해 사비니와 푸흐타 등 역사학파[7]의 강의를 듣고, 1844년 호마이어Carl Gustav Homeyer의 지도하에 〈로마법상의

---

6 하노버의 주의회 바로 옆에는 '괴팅겐 7교수 광장'과 이탈리아의 예술가 플로리아노 보디니Floriano Bodini가 만든 그들의 커다란 동상이 서 있다. 괴팅겐대학교의 정신과학 캠퍼스의 주소도 '괴팅겐 7교수 광장'이며 2011년에는 그들을 기념하기 위해 노벨문학상 수상자인 귄터 그라스Gunter Grass가 만든 조각이 설치되었다.

상속재산 점유자Der hereditate possidente〉라는 논문으로 법학박사 학위를 받았다.

대학 졸업 후 마르크스는 언론인을 거쳐 혁명가로 변했으나, 예링은 평생 독일의 여러 대학교에서 교수로 살았다. 그의 첫 강의는 1843년 베를린대학교에서 사강사Privat-Docent로 한 것이었다. 그리고 첫 저서는 1844년에 낸《일반 사법에 관한 해석학 연구논문집Eine Sammlung dogmatischer Monographien zum gemeinen Zivilrecht》이었다.

1848년 혁명 당시 비스마르크Otto von Bismark는 정치 초년병으로서 강경 진압을 주장했으나, 당시 마르크스는《공산당 선언Manifest der Kommunistischen Partei》을 발표했으니 두 사람은 완전히 등을 돌린 셈이었다. 그때 예링이 어떤 입장을 취했을지는 분명하지 않지만, 적어도 마르크스의 입장과는 달랐으리라고 생각한다.

7　19세기 초까지는 합리주의적 자연법론의 비역사적이고 추상적인 사변思辨과 그 것이 내세우는 확고 불변의 법원리를 입법으로 고정화하려는 절대주의적 권력이 지배했다. 역사학파는 이에 대항해서 법학의 혁신을 통해 법생활의 개선을 도모하려는 학파를 말하며 사비니를 창시자로 한다. 역사법학은 법이 유기적 발전을 이루는 것이며, 역사적으로 규정되어 있다는 점을 중시해 법학에서 역사적 연구의 불가결성을 강조했다. 그러나 역사법학파의 사람들은 그 고전적·인문주의적 교양 이념 때문에 역사적 소재를 로마법에서 구하고, 또한 법형성의 담당을— 법을 민족정신의 표현으로 봄에도 불구하고— 현실의 국민 전체가 아니라 법조 계급에서 구했다. 그러한 까닭에 역사법학에 있어서 법이란 로마법을 바탕으로 해서 전문 법조가 학문적으로— 이론적·체계적으로— 구성한 것이며, 그들은 법학이라는 이론적 체계의 구성을 임무로 하게 되었다.

교수 예링

예링은 27세부터 74세에 세상을 떠나기 전까지 근 반세기를 교수로 살았다. 그는 1845년 바젤대학교에서 학생들을 가르치다가 이듬해 로스토크대학교로 옮겼다. 로스토크대학교에 재직 중인 1849년에 첫 아들을 낳던 아내가 사망하고 어머니마저 잃었다. 꼭 그 때문은 아니었지만 1849년에 킬대학교로 옮겨《각 발전 단계에서 로마법의 정신Der Geist des roemischen Rechts auf den verschiedenen Stufen seiner Entwicklung》(이 책은 보통《로마법의 정신》이라고 줄여서 부른다) 집필에 몰두했다. 이어 1852년부터 기센대학교에서 17년을 근무했다.

기센대학교에서 그는《로마법의 정신》1부 초판(1852)을 낸 뒤, 2부 1권(1854), 2부 2권(1858), 3부 1권(1864)을 출간했다. 이처럼 12년이나 걸렸으나 그 책은 미완성으로 끝났다. 그 1부에서부터 그는 역사학파를 비판했다. 기센대학교에 머문 17년간 그는 학자로서 두각을 나타냈다.

기센대학교 시절에 예링은 '슐레스비히 - 홀슈타인Schleswig - Holstein 문제'와 관련되었다. 독일 북부의 그곳은 당시까지 덴마크의 영향권 안에 있어서 덴마크와 마찰을 빚었으나 두 차례의 슐레스비히 전쟁을 통해 프로이센에 귀속되었다. 당시 예링은 1867년의 북부독일연방 의회의 최초 선거에 입후보했으나 낙선했다. 낙선한 이유 중 하나는 자신의 종교를 로마법학이라고 쓴 것이었다. 여하튼 그는 낙선을 즐거워하고 그 뒤로는 정치에 직접 참여하지는 않았지만, 평생 프로이센이 이룩한 독일 통일과 그것을 추구한 비스마르크를 지지한 대독일주의자로 살았다.

그러나 1867년의 정치 참여는 그와 친구들을 멀어지게 했고, 같은 해 두 번째 부인을 잃는 불행을 겪어야 했다. 그래서 뒤에 그 시절을 "삶의 시는 사라졌다"고 회상했다. 이듬해 1868년에는 빈대학교로 적을 옮겼다. 그는 그곳에서 다시 결혼을 해 4남 1녀를 두었고, 학자로서도 최고의 명성을 누렸다. 빈대학교 시절 그의 재능을 유감없이 발휘한 결과 1870년에《일상 세계의 법 *Die Jurisprudenz des täglichen Lebens*》이 발간되었다.

빈대학교에서 4년을 근무한 뒤 그는 괴팅겐대학교로 옮겼다. 당시 빈대학교가 괴팅겐대학교보다 모든 점에서 뛰어났기 때문에 그의 결정에 주변 사람들은 놀랐다. 예링 자신은 필생의 작업인《로마법의 정신》을 완성하기 위해서라고 말했다. 여하튼 예링은 빈을 떠나기 직전 오스트리아 황제로부터 훈장과 귀족 칭호를 받아 그후 이름에 폰von을 넣었다.

예링은 1872년부터 1892년 세상을 떠나기 전까지 20년을 괴팅겐대학교의 교수로 지내면서 '괴팅겐의 법학자 Göttinger Rechtslehrer'로 불렸다. 그래서 그의 학풍도 '괴팅겐풍'이라고 한다. 그것은 '오성적이고 경험적이며 실천적인 계몽의 정신'이었다.[8] 그는 베를린대학교의 헤겔이 관념론 철학, 사비니가 역사법학을 주장한 것과 대립해 경험주의적인 역사주의를 수립했다.

---

8   Behrends, 앞의 책, S. 234.

괴팅겐대학교에 재직하면서 예링은《법에서의 목적》1권(1877)
과 2권(1884),《점유의사*Der Besitzwille*》등의 역작을 발표했다. 그
리고 중요한 논문들을 게르버Carl Friedrich von Gerver와 함께 창간한
《현대 독일 – 로마 사법학 연보*Jahrbücher für die Dogmatik des heutigen
römischen und deutschen Privatrecht*》에 발표했다(이 잡지는 1897년 이
후《예링 민법학 연보》로 개칭되었고, 일반적으로는《예링 연보》라고 불
린다).

그가 강의한 대부분은 로마법에 대한 것Praktika으로, 그것을 정
리한 책이 1847년의《정답 없는 민사 사례집*Zivilrechtsfaelle ohne
Entscheidungen*》이다. 그 밖에도《소유권 논문집*Beiträge zur Lehre vom
Besitz*》등이 있다.

인간 예링

우리나라에 소개된 예링 해설에는 그를 '독일의 마크 트웨인'이라
고 부른다는 언급이 곧잘 나온다. 이는 윌리엄 시글William Seagle이
라는 미국인이 쓴 책[9]에 나온 것을 인용한 것인데(단, 인용했다는 언
급은 어디에도 없고, 왜 그렇게 보는지에 대한 언급도 없다[10]), 그렇게

---

9 William Seagle, *Man of Law-from Hammurabi to Holmes*.
10 최종고,《위대한 법사상가들》, 1권, 학연사, 1981, 176쪽, 이하 시글에 대한 언급은
　　 주로 이 책에 근거한다.

비유한 이유는 예링이 트웨인처럼 타고난 풍자가로서 독일 법학의 철학적인 추상성과 개념주의, 그리고 법학의 방법으로 논리를 최고의 가치로 삼아 법학을 법적 수학의 체계로 보는 경향, 특히 개념법학을 냉소적으로 비웃은 점이었다. 이는 특히 그가 1870년에 낸 《일상 세계의 법》에서 뚜렷이 나타났다. 여기서 나는 예링이 심지어 자신의 명예였던 로마법학자로서의 뛰어난 경력까지 비웃은 점을 높이 평가한다. 학자로서, 특히 법학자로서 그런 탈권위의 태도를 취하기란 정말 쉽지 않다.

한편 시글은 사람들이 예링을 영국의 공리주의자인 제러미 벤담Jeremy Bentham과 비교하는 것에 대해서는 비판적이다. 예링은 사회적 공리주의자였고, 법전주의자였던 벤담과 달리 법전화에 대해 관심이 없었기 때문이라고 한다. 사회적 공리주의란 흔히 존 스튜어트 밀John Stuart Mill에게 붙여지는 이름이지만, 뒤에서 보듯이 예링은 벤담은 물론 밀보다 훨씬 더 나아간 사회민주주의자로 보는 것이 옳다.

이상 두 가지 측면만을 보아도 예링은 19세기 독일 법학계에서도 예외적인 존재였을 뿐 아니라, 21세기 한국에서도 찾아보기 힘든 인간상이라고 하지 않을 수 없다. 19세기 독일이나 21세기 한국이나 법학자들과 법률가들은 대부분 보수적이기 때문이다. 그중에는 진보적인 법률가들도 없지는 않지만 어디까지나 극소수라고 보는 것이 옳다. 특히 법률가들은 대부분 보수 중에서도 극단적인 보수인 경우가 많다. 게다가 진보적인 법률가라고 해도 탈권위적인 사람은 보기 드물다.

게다가 예링은 문학, 음악, 여행 등에도 재능을 발휘한 르네상스적인 인간이었다. 당대의 유명한 시인이자 희곡작가인 헤벨[11]의 친구로 그 자신이 코미디를 쓰기도 했고, 콘서트에서 피아니스트의 대역을 할 정도로 뛰어난 음악가이기도 했다. 또 그는 유명한 와인 감식가이기도 한 식도락가였고, 스위스와 이탈리아의 산악을 사랑한 여행가이자 원예가이기도 했다. 그래서 네덜란드에는 운하밖에 없다는 이유로 그곳 대학의 교직 요청을 거부하기도 했다.

---

11 프리드리히 헤벨Friedrich Hebbel(1813~1863)은 예링처럼 북부 독일 출신으로 서정 시인이자 근대 심리극과 사회극의 개척자로, 19세기 독일 리얼리즘의 완성자였다.

4. 예링의 법학

《로마법의 정신》

앞에서 보았듯이 예링은 필생의 작업인《로마법의 정신》네 권을 10여 년에 걸쳐 썼지만 결국은 미완성으로 끝났다. 즉 최초의 구상에 따라 그 책을 완성하는 것을 포기한 것이었다. 1866년부터 1871년까지 간행된 2판에 엄청난 개정을 가한 것을 보면 그 책은 확고한 구상 아래 수미일관하게 쓰인 책이 아님을 알 수 있다. 이처럼 저술의 체계적 완결성이 부족하고 논리적 모순과 방법적 혼란이 나타나는 것은, 예링의 공격적이고 비판적인 성격과 강력한 자의식에서 기인한다.

예링은《로마법의 정신》1부 서론에서부터 사비니의 역사법학을 비판했다. 즉 법의 소재는 국민 자체와 그 역사의 가장 심오한 곳에 있는 본질에서 나온다고 본 역사법학파의 주장을 비판하고 법의 계수와 동화가 가능함을 정면에서 인정해야 한다고 주장했다. 그러나 그가 역사법학파를 근본적으로 부정한 것은 아니었다. 사비니의 협소한 민족주의를 비판하고 후기 로마법의 보편성을 강조했다. 그는 역사학파가 법학을 지방 내지 향토 수준으로 후퇴시키고 법학에서의 과학적 경계를 정치적 경계와 합치시켰다고 비판했다.

예링은 로마법 계수 속에서 국제적인 법의 교류를 보았다. 외부로부터의 계수를 거부하고 조직체에는 내부에서 외부로의 발전만을 허용한다고 결정함은 그 조직체를 죽이는 것이라고 보았다. 예링은 로마법 역사의 비판적 검토를 통해 로마법 속의 '불변의 보편적인 것'을 '가변의 순수하게 로마적인 것'에서 구별해 떼어내어 이를 여러 문명국의 공통 법원리로 제시하고자 했다. 그것이 그의 유명한 '로마법을 통해, 그러나 로마법을 넘어'라는 구호였다. 이는 경제적으로 자립한 19세기 후반 독일 부르주아의 강력한 자기의식을 보여준 것이다.

예링은 그 책의 1부에서 '로마법의 본질적 요소'를 개인의 '주관적 의사'에서 구했다. 따라서 로마의 권리행사는 본래 자력구제를 본질로 한다고 보았다. 나아가 가족적 원리와 군사제도에 뒷받침된 국가적 질서가 제2의 요소라고 보고, 법과 국가에 큰 영향을 끼친 것으로 종교적 원리가 있다고 주장했다. 그러나 로마 정신의 본질은 이기심이라고 강조했는데, 이는 근시안적인 이기심이 아니라 원대한 목표를 향한 것이라고 보았다는 점을 주의해야 한다.

이어 2부에서는 로마법의 기본적 동인으로 첫째, 도덕과 종교로부터 법의 자립, 둘째, 평등 지향, 셋째, 힘과 자유 지향을 들고서 로마법을 '자유의 체계'로 이해했다. 이는 바로 사적 자치법으로서의 19세기 사법의 특성에 대응한 것이었다. 이를 위해서는 강력한 국가권력이 필요했고, 그것이 제정법의 형식을 취할 필요가 있었다. 따라서 예링은 역사법학파가 관습법의 우월을 주장한 것에 반대하고, 입법의 형식적 승인 요소를 중시했다. 그리하여 예링은 2부 2권에서 로마법의 법적 기술과 형식주의를 분석했다.

마지막 3부에서는 로마의 소송제도와 법률행위 등의 법 개념 및 법제도를 들어 법적 기술을 구체적으로 검토하고 마지막으로 '권리' 개념을 분석했다. 사비니는 권리를 '의사의 힘'이라고 보았으나 예링은 이를 비판하고 권리를 '법적으로 보호된 이익'이라고 정의했다. 여기서 예링은 《로마법의 정신》 집필을 중단하고 《법에서의 목적》(1877~1883) 집필로 들어갔다. 그런데 《법에서의 목적》을 살펴보기 전에 지금까지 한국에서는 거의 소개된 적이 없는, 예링이 쓴 두 권의 유쾌한 법학서에 대해 간단하게나마 소개할 필요가 있다. 나는 이 두 권의 책이 그동안 한국에서 무시된 것이야말로, 한국에서 예링에 대한 이해가 얼마나 부족했는지를 보여준다고 생각한다.

《일상 세계의 법》

예링은 1870년 유쾌한 법률문제집인 《일상 세계의 법》을 썼다. 이 책은 일상생활에서 생기는 법률문제를 모아 법학교육에 도움을 주고자 본래 《정답 없는 민사 사례집》의 부록으로 간행되었지만, 우리가 흔히 보는 생활법률 상식 같은 책과는 전혀 다르다.

예링은 분쟁 사례를 예시한 뒤 그것을 로마법적 기술로 해결하는 지침을 제시하지만, 여기서 그는 제시된 법률문제의 일상성과 해답의 지침인 법적 기술의 괴리를 강조했다. 개념에 따른 법적 구성juristische Konstruktion, 즉 법률가에 의한 법해석의 기술에 대해 예링은《로마법의 정신》에서 긍정적으로 논의했지만, 그 뒤 서서히 그것을 부정적으로 논의하기 시작했다. 이 문제는《법과 권리를 위한 투쟁》에서 예링이 셰익스피어의《베니스의 상인》과 관련해 논의한 것을 보면 잘 알 수 있다. 개념 구성에 관해 법률가는 피를 흘리지 않고 살을 베어내라고 요구하는 탓이다.

예링은 법률과 증서에 근거해 1파운드의 살을 요구하는 샤일록과 살을 베는 것은 인정하되 피를 흘려서는 안 된다고 판시한 포샤는 모두, 인간의 살을 뗀다는 계약이 무효라고 하는 소박한 감각을 결여하는 개념적인 법해석이라는 비판을 했다. 그런 비판을 통해 예링은 법률가의 개념법학을 비판하고 일상으로 돌아가라고 주장한 것이다.

예링의 주장에 대해 콜러가 반론한 것은《법과 권리를 위한 투쟁》 11판의 서문에서 읽을 수 있다. 채권자는 빚을 갚지 않는 채무자의 몸을 절단할 수 있다는 규정이 12표법에 있었고, 셰익스피어는 그것을 보고《베니스의 상인》을 썼을 수도 있다. 이 점은 이미 야코프 그림[12]이 지적한 바 있었고, 예링도 그것을 알고 있었을 것이다.

---

12 Jacob Grimm, Von der Poesie im Recht, in *Kleiner Schliften*, Bd. VI, Hildesheim, 1965, 185쪽.

그러나 여기서 문제가 되는 것은 셰익스피어의 법제사적 지식이 아니다. 예링이 문제 삼은 것은 개념법학적 방법이었다. 샤일록의 높은 계산성은 '개념으로 계산하는' 법률가의 합리주의적 정신과 무관하지 않은데, 예링은 이를 이기주의와 결부된 것으로 보았다. 예링은 《법과 권리를 위한 투쟁》에서 다음과 같이 말했다.

> 그러므로 인간을 오로지 저차원의 이기주의와 타산의 세계로 낮추는 권리라는 것이, 한편으로는 인간을 이념의 높이로 향하게 하고, 여기서 인간은 과거에 배운 모든 억지와 타산을, 또한 모든 것을 측정하는 효용의 척도를 잊고 오로지 이상을 향해 나아간다. 순수한 재물 세계의 권리를 무미건조한 산문에 비유한다면, 인격 세계의 권리는 인격의 주장을 목적으로 하는 권리를 위한 투쟁을 통해 고상한 시가 된다. **권리를 위한 투쟁은 품격의 노래다.**

이처럼 《법과 권리를 위한 투쟁》을 비롯해 예링의 모든 저술이 갖는 의미는 개념법학에 대한 비판이다. 이러한 예링의 주장은 당시로서도 매우 진보적이었을 뿐 아니라 20세기의 새로운 법학의 전개에 기폭제가 되었다. 이러한 예링의 진보적인 법사상은 21세기가 되었음에도 여전히 보수적인 개념법학의 수준에 머물러 있는 한국 법학에 참신한 자극제일 수 있다. 이처럼 예링은 재판에서 사용되는 법적 언어의 개념적 성격을 비판한 점에서도 중요하다.

《법학의 농담과 진담》

《법학의 농담과 진담 *Scherz und Ernst in der Jurisprudenz*》은 1884년 '법학계에 대한 크리스마스 선물'로 발간되었다. 그 내용은 4부인데, 각 부는 '현대 법학에 보내는 친서', '어느 로마니스텐의 만필,' '법률가의 개념 천국,' '다시 지상으로'다. 그는 서문에서 앞의 셋은 농담이지만 마지막은 진담이라고 했다.[13]

예링이 프로이센 사법신문에 연재한 여섯 편의 서간 형식 글로 구성된 1부는 앞에서 말한 법적 구성을 문제 삼은 것이다. 예링이 말한 보기를 읽어보자.

> 우선 극장에 들어가는 경우의 법적 사건을 구성해보자. 당신은 한 장의 표를 사서 보여준다. 그것이 입장의 권리를 부여한다는 것이 당신의 답이다. 그러나 그 자체는 구성도 무엇도 아니다. 구성이란 바로 다음과 같이 생각하는 것이다. 즉 그 표는 '지참인, 바로 그 사람'에게 권리를 부여하지만, '지참인, 바로 그 사람'이란 추상적인 존재로, 사고된 인격성이자 법적 인격이다. 당신이 표를 사용해 극장에 들어갈 수 있는 것은 당신이 그 법적 인격을 표상하고 있기 때문이다. 그런데 법적 인격 그 자체가 들어갔다고 하면 표가 그 자리에 앉아 있는 것이 된다. 극장 주인이 이처럼 표상을 넣어

13 Rudolf von Jhering, *Scherz und Ernst in der Jurisprudenz*, 13 Aufl., Darmstadt, 1980, Vi쪽.

준 것에 대해 당신은 감사해야 한다.[14]

법적 인격juristische person이란 살아 있는 인간이 아니라 추상적 인격이다. 그것은 극장에 들어가는 경우만이 아니라 모든 경우에 문제가 된다. 태아의 인격이나 부부와 같은 공동체, 심지어 죽은 자의 인격이라고 하는 것도 가능하다. 이처럼 개념적 분석에 사로잡힌 로마니스텐으로서의 자신을 예링은 3부인 '법률가의 개념 천국'의 서두에서 다음의 말로 조롱한다. "나는 죽었다. 무엇인가 빛나는 것이 내 혼을 비추면서 몸에서 빠져나갔다."

3부는 로마니스텐인 '내'가 '개념 천국Begriffshimmel'으로 가고자 하지만 결국은 입국을 거절당하는 것으로 끝나는 이야기다. 내가 개념 천국에서 만나는 것은 법률가의 유령이 조작한 수많은 요상한 기계이고, 그 기계의 노예는 법률가 유령들이다. 그러나 그 어떤 기계보다 복잡한 것이 법률기계juristisch maschine다. 그것은 상당한 수준의 법적 사고를 하는 사람에게도 조작하기 어려운 기계로서 법적 의제를 담당하는 의제장치Fiktionapparat, 법적 구성을 담당하는 구성장치Konstruktionapparat, 그리고 변증법적 논리를 담당하는 해석압착기Interpretationpresse와 천공기Bohrmaschine 등이다.

그러한 기계를 조작하는 법률가는 예링이 개념법학자로 비판한 푸흐타와 그 제자들을 가리킨다. 예링은 푸흐타의 구성주의적 법

14 같은 책, 13쪽.

해석학을 스콜라철학적인 '개념법학Begriffsjurisprudenz'[15]이라고 비판한다. 그리고 개념 천국에서 추방되어 이성천국으로도 들어가지 못한 '나'에게 마지막으로 남는 것은 법실무가들의 천국이다.

예링의 개념법학 비판은 당연히 개념법학자들의 반발을 야기했다. 개념법학은 역사법학으로부터 역사성을 완전히 제거한 켈젠Hans Kelsen의 순수법학으로도 발전했지만, 예링은 더 이상 개념법학자도, 로마니스텐도 아니게 되었다. 그래서 게르마니스텐인 기르케Gierke는 계약 불이행이 도리어 윤리적 의무에 맞다는 이유에서 예링의《법과 권리를 위한 투쟁》을 지지하게 되었다.[16] 이는《법학의 농담과 진담》에서 예링이 "고대 로마인은 결코 나의 조상이 아니었다. 테오도어 몸젠Theodor Mommsen은 나를 시골 법률가Privincial jurist라고 말했다"[17]라는 고백으로 나타났다. 시골 법률가라는 표현은 예링이 로마니스텐이 아니라 도리어 그것을 공격하는 입장이 되었음을 상징한다. 그것은 법에서의 '목적'을 추구하는 새로운 방향으로 나타났다.

---

15 같은 책, 337쪽.

16 Gierke, *Deutsches Privatrecht*, Bd. 1, München und Frizig, 1936, 319쪽.

17 앞의 책, 144쪽.

《법에서의 목적》

《법에서의 목적》은 영어로 번역될 때《목적에 대한 수단으로서의 법Law as a Means to an End》이라는 제목으로 바뀌었는데, 어쩌면 후자가 이 책의 성격을 더 잘 보여줄지 모른다. 법은 그 자체가 목적이 아니라 어떤 목적에 대한 수단에 불과하며, 궁극적인 목적은 사회의 존립이라고 예링은 주장했기 때문이다.

예링은《법에서의 목적》에서 인간은 인과가 아니라 목적에 따라 움직인다는 전제하에서 "목적은 모든 법의 창조자다"라는 말을 모토로 내세웠다. 그에 따르면 세계의 원동력은 원인이거나 인과 중의 하나다. 물질계나 동물계에서는 인과가 지배적이지만 인간계는 그렇지 않다. 인과율과 목적률은 반드시 대립하는 것이 아니지만, 목적률은 의사나 신을 가정하는 점에서 인과율과 다르고, 신과 유사한 의사를 갖는 인간 세계에서는 목적의 법칙이 적합하다고 그는 말한다.[18] 예링은 이를 법학에서 보면 개념적 구성이 아무리 선행하고자 해도 법의 해석이란 실천적 목적에 봉사하는 것이므로 실정법학을 인과적 과학으로 보는 것은 이상하다고 비판하면서 그러한 푸흐타의 방법을 거부했다.

예링은《법에서의 목적》에서 다윈의 명제를 패러디해 "법은 자연과 마찬가지로 비약을 모른다"[19]고 하면서 생물진화론에 입각해

---

18 Rudolf von Jhering, *Der Zweck im Recht*, Bd. II, Hildesheim, 1970, 4쪽.
19 같은 책, 5쪽.

법의 발전을 설명했다. 이는 개념법학이 청산하고자 한 법의 역사성을 예링이 법학에 다시 가져온 것이라고 볼 수 있다.

그러나 예링은 법의 목적을 실현하기 위한 수단에 대해서는 명확하게 설명하지 않았고 객관적 법과 주관적 법, 즉 사회적 목적과 개인적 이익 사이에서 동요했다. 그가 허버트 스펜서Herbert Spencer의 사회진화론에 냉담했던 이유도, 거기에 개인의 윤리적 행태와 이기적 행태 사이의 관계가 조정되어 있지 않다는 점이었다. 반면 벤담에 대해서는 도덕론을 명료하게 설명해 공리주의적 윤리 체계를 수립했다고 보았다.[20] 그러나 그 윤리가 무엇인지에 대해 예링은 명확하게 설명하지 않았다.

예링은 법이란 질서를 초래하고 이익 충돌의 기회를 최소로 하는 것으로, 개인과 사회의 이익을 지키는 역할을 수행한다고 보는 이익설을 주장했다. 이처럼 권리는 법적으로 보호되는 이익으로 보는 이익설에 따라 그는 충돌하는 이익을 조정하는 것이 법이라고 여겼다. 그러므로 법적 개념 자체에는 생산력이 내재하지 못하고 그것은 영원한 것도 아니다. 법학자는 입법자 자신에게 법률 개념을 존중할 의무가 있는 것처럼 생각해 행동하는 것을 멈추어야 한다. 논리적인 연역을 통해 하나의 법원리를 다른 법원리로부터 도출하는 것은 불가능하다.

예링에 따르면, 법원리를 분석하고 종합하는 것은 법학이 수학에서 빌린 것이지만 이는 잘못된 도그마다. 법률 개념의 세계는 자족

---

20   같은 책, 100쪽.

적인 것이 아니며, 사회는 법학자가 사회의 필요를 해석해줄 것을 기다리지 않는다. 사실을 법률 개념의 기준에 맞추거나, 법원리를 유추만으로 확장할 수 없다. 법원리 자체에는 모든 법적 분쟁을 위한 올바른 해결이 포함되어 있지 않기 때문이다. 재판관은 기성의 법률원리에 근거해서만 판결을 내리는 자동기계가 아니다. 따라서 해석법학을 대체하는 새로운 사회적 기술의 체계가 필요하다.

예링에 따르면, 인간은 이기주의자이지만 예외적으로 이타주의를 발휘할 수도 있다. 그는 인간의 이기주의를 극복하려고 사회가 사용하는 지렛대가 보수와 강제이며, 이기주의가 지배적인 경우 강제가 중시된다고 했다.

한편 예링은 사회주의가 아니라 '법의 사회화'를 주장했다. 그것은 '목적에 대한 수단'이라는 슬로건과 같이 현대 법학의 중요한 슬로건이 되었다. 구체적으로 그것은 비스마르크와 황제가 진두지휘하는, 복지국가를 향한 사회개혁이었다. 그는 약육강식의 자유주의에 부정적이었다. 따라서 계약 자체가 비합법이거나 부도덕한 것이 아닌 한, 법의 보호를 구하는 것이 당연하다고 생각하는 만큼 엄청난 오해는 없다고 주장했다. 특히 회사 기업의 폐해에 대해서는 강도와 사기로 인한 폐해 그 이상이라고 주장했다. 이에 대해서는 뒤에서 예링의 정치적 입장을 설명할 때 상세히 언급하도록 한다.[21]

---

21 그 밖에 민법의 여러 문제에 대한 예링의 견해, 가령 법인의 본질론에서는 아예 그 자체를 부정하는 법인부인설, 대리의 성질에 대한 대리인행위설 등에 대한 비판이 제기되어 왔지만, 일반인들에게는 그다지 흥미로운 주제가 아니니 여기서 더 이상 논의하지 않겠다.

5.　　《법과 권리를 위한 투쟁》

이 책의 제목에 대해

원제목이 Der Kampf um's Recht인 이 책은 종래 '권리를 위한 투쟁'
으로 번역되었다. 그러나 Recht에는 권리만이 아니라 법이라는 뜻
도 있어서 그 제목을 '권리를 위한 투쟁'이 아니라 '법을 위한 투쟁'
이라고 할 수도 있다. 과거 일본에서는 그렇게 번역되기도 했다. 그
러나 지난 100여 년 이상 일본에서나 한국에서 가장 보편적인 번역
명은 '권리를 위한 투쟁'이어서 나도 그렇게 번역할까도 했지만, 가
장 정확하게는 '법과 권리를 위한 투쟁'이라고 번역하는 것이 옳다
고 생각했다. 그런데 책의 내용으로 보면 앞부분의 일부는 '법＝권
리를 위한 투쟁'이고 이어 '법을 위한 투쟁'인 반면, 그 뒤의 대부분
은 '권리를 위한 투쟁'이라고 볼 수 있다.

　또 Kampf란, 히틀러의 책《나의 투쟁Mein Kampf》처럼 '투쟁'으
로 번역됨이 보통이지만, 독일의 저명한 법사학자 비아커에 따르
면 이는 찰스 다윈의 진화론에서 말하는 '생존경쟁the struggle for

life'의 독일어역인 Der Kampf ums Dasein에 온 것이었다.[22] 예링이 다윈에게 경도되었으므로 그렇게 했을 가능성이 충분히 있다. 따라서 '투쟁'이라는 말 대신 '경쟁'이라고 번역할 수도 있다. 19세기 말에 일본어 번역서에서는 '경쟁'이라는 말이 사용되기도 했지만, 이는 책의 내용을 전혀 모르고 사용한 것이었다. 여하튼 이 제목은 선구적 업적의 표제를 모방한다는 점에서 몽테스키외의《법의 정신》을 모방한 예링의《로마법의 정신》과 유사하다.

이 책의 '~을 위한 투쟁'이라는 표현은 예링 이후 많은 저술의 제목으로 사용되었다. 그중에 가장 유명한 것이 자유법론자인 헤르만 칸토로비츠Hermann Kantorowicz의《법학을 위한 투쟁Der Kampf um die Rechtswissenschaft》(1906)이다. 그 밖에도 예링과 동향(아우리히) 출신의 철학자인 루돌프 오이켄Rudolf Christoph Eucken은《정신적 삶의 내용을 위한 투쟁Der Kampf um einen geistigen Lebensinhalt》(1896)을 썼다. 또 예링의 조카 아들인 헤르베르트 예링Herbert Jhering은《극장을 위한 투쟁Der Kampf ums Theater》(1922)을 썼다. 그는 브레히트와 함께 리얼리즘 극작가로 저명했던 과거 서독인이었다. 또한 카를 에밀 프란조스가 쓴 방대한 소설《어떤 '법과 권리를 위한 투쟁'》도 있었다.

---

22 Franz Wieacker, *Privatrechtsgeschichte der Neuzeit*, 2. Aufl., Göttingen, 1967, S. 452, 566.

1872년과 1884년의 강연

《법과 권리를 위한 투쟁》의 토대는 1872년 3월 1일 빈법학협회에서 한 강연이었다.[23] 그 강연의 제목은 원래 〈법심리학에 대한 하나의 고찰Ein Stück Psychologie des Rechts〉인데, 우리말 번역본이나 일본어 번역본에는 이 사실이나 그 강연이 알려져 있지 않다. 그 강연은 산업자본주의 아래에서 시민의 인간적 존엄과 사회적 이익을 옹호하는 법적 투쟁으로서의 소송 활동에 정당성을 부여해 군인, 농민, 상인 등 각 시민계층이 갖는 소송심리를 분석한 것이었다. 예링은 그 강연의 대상이 "권리감각의 모욕적인 경시에 대한 도덕적·실제적 반응"에 있고, "학대에 저항하는 건전하고 강력한 권리감각"의 주장에 있다고 말했다.

이어 12년 뒤인 1884년에 같은 장소에서 예링은 〈권리감각의 발생에 대해〉라는 제2의 강연을 했는데 이는 "다른 측면, 즉 권리감각의 내용이라고 하는 측면, 더 상세히 말하면 우리가 현대의 권리

---

23 이 강연의 최초 속기록은 〈'법률가협회'에서의 예링Jhering in der 'Juristischen Gesellschaft' in Gerichtshalle〉, Organ für Rechtspflege und Volkswirtschaft, 16 Jg. Nr. 22, Wien, Donnerstag, 14, März, 1872, 95~99쪽에 나온다. 1992년 예링의 사후 100년을 기념해 펠릭스 에르마코라Felix Ermacora의 편집으로 독일에서 출간된 《법과 권리를 위한 투쟁》(Propyläen Verlag)에 그 강연이 포함되어 있다. 이 강연에 앞서 예링은 1868년 빈대학교 취임 강연인 〈법학은 학문인가〉라는 제목의 강연을 했다. 이는 오코 베헨데스Okko Behendes가 편집한 다음의 강연집에 실려 있다. Rudolf von Jhering, *Ist die Jurisprudenz eine Wissenschaft?*, Jhering Wiener Antrittsvorlesung vom 16. Oktober 1868, Göttingen 1998. 이 강연은 예링의 생전에는 발표되지 않았다.

감각의 내용이라고 부르는 이른바 최고 원칙과 진리의 내용은 어디에서 생기는가 하는 문제"에 답하고자 한 것으로, 그 주제는 권리 감각은 천부적인 것인가, 아니면 역사적 소산인 것이가였다.[24] 그는 자연과학과 역사학, 심리학에 근거해 천부설을 비판하고, 역사설을 주장했다.

이에 대해 현상학파인 프란츠 브렌타노가 1889년 같은 장소에서 예링을 비판하는 〈법과 도덕의 자연적 제재에 대해〉라는 강연을 했다.[25] 브렌타노도 예링과 같이 천부설을 부정했지만, 보편적 타당성을 갖는 도덕적 진리는 존재한다고 보아 예링과 대립했다.

브렌타노는 예링과 같이 생득적이라고 하는 의미에서 자연적 도덕 규칙이나 법률은 존재하지 않는다고 보았지만, 동시에 예링과 달리 보편적 타당성을 갖는 도덕적 진리의 존재를 긍정했다. 즉 인간은 사회생활에서 윤리적으로 규정되고 각자의 자유를 제한하기 위해 실정법이 제정되지만, 실정법 외에도 여론이나 명성과 같은 도덕의 실정법전이 존재한다고 주장했다. 브렌타노의 자연주의와 윤리적 가치에 대한 절대주의는 예링의 목적주의나 윤리적 가치에 대한 상대주의와 대립했다. 브렌타노는 현상학자인 에드문트 후설 Edmund Husserl에게 깊은 영향을 미쳤다.

---

24   Rudolf von Jhering, *Über die Entstehung des Rechtsgefühls*, Hrsg, von Christian Rusche, 1965.

25   Franz Brentano, Vom Ursprung sittlicher Erkenntnis, 2 Aufl., Hrsg. von Oskae Klaus, 1921.

1892년의 《법과 권리를 위한 투쟁》 11판

위에서 말한 강연을 바탕으로 1872년에 나온 《법과 권리를 위한 투쟁》은 예링이 생전에 마지막으로 수정한 1892년의 11판에 근거해 설명하는 것이 보통이다. 그 11판에는 예링의 사위인 에렌베르크가 예링의 사후에 쓴 서문이 있는데, 거기에 예링이 독일 북부의 프리슬란트 출신이라는 점이 강조되어 있다. 이와 관련해 독일의 유명한 법사학자인 비아커는 예링의 조울 기질을 알아야 그의 저술을 제대로 이해할 수 있다고 했다. 그런 기질 때문에 체계적인 법률가라기보다는 철학적인 잠언가apholist이고 추상적 이론가라기보다는 경험주의자인 예링이 형성되었음을 이 책은 잘 보여준다.

이 책의 핵심은 "투쟁에서 너의 법과 권리를 찾아라"라는 그 제사題辭에서 볼 수 있다. 그런데 여기서 '법과 권리'로 번역한 것은 독일어에서 하나의 단어인 Recht를 옮긴 것이다.

왜냐하면 예링이 말하듯이 "독일어의 Recht라는 표현은 이중적 의미를 포함하기 때문이다.[26] 즉 객관적인 의미의 법과 주관적인 의미의 권리로 사용된다. 객관적인 의미의 법은 국가가 운용하는 여러 법원칙의 총체, 즉 법률에 따른 생활 질서를 말한다. 한편 주관적인 의미의 권리는 추상적인 준칙이 사람의 구체적 권능으로

---

26 법과 권리를 하나의 단어로 표현하는 것은 독일어만이 아니라 프랑스의 droit, 이탈리아어의 diritto에서도 볼 수 있다. 영어에서는 법은 law, 권리는 right로 구별되지만 영국에서도 과거에 법용어로 사용된 노르만-프랑스어의 droit나 dreit는 법과 권리를 동시에 의미했다.

구체적인 형태를 취한 것을 말한다. 따라서 그 두 가지 방향에서 법과 권리는 저항에 부딪히고 이를 극복해야 한다. 즉 투쟁을 통해 자기의 존재로부터 취득해 관철해야 한다."

그런데 이 책에서는 앞부분의 10여 쪽 정도에서 '법을 위한 투쟁'을 설명할 뿐, 그 뒤 대부분은 '권리를 위한 투쟁'을 설명한다. 그런데 "매우 많은 경우, 법의 개정은 현존하는 여러 권리나 사적 이익에 대한 최대한의 개입을 통해 비로소 실현되는 것"이라고 말하는 부분을 보면 '법을 위한 투쟁'과 '권리를 위한 투쟁'은 모순되는 것으로 보인다. 그러나 예링은 권리의 실체가 불합리한 특권인 경우에만 이러한 모순이 있을 수 있다고 본 것에 불과하고, 일반적으로는 '법을 위한 투쟁'이 동시에 '권리를 위한 투쟁'임을 강조한다.

"권리 위에 잠자는 자는 보호받지 못한다"는 명언으로도 유명한 예링은 《법과 권리를 위한 투쟁》의 처음에서 "법과 권리의 목적은 평화이고 평화에 이르는 수단은 투쟁이다"라고 하면서, 권리자의 권리주장은 자신의 인격을 주장하는 일과 같고, 법과 권리를 위한 투쟁은 자신에 대한 개인의 의무이자 사회에 대한 의무라고 주장했다. "법과 권리가 불법적인 침해를 예상해 이에 대항해야 하는 한——세계가 멸망할 때까지 그 필요는 없어지지 않는다——법과 권리는 이러한 투쟁을 피할 수 없다. 법과 권리의 생명은 투쟁이다. 여러 국민의 투쟁, 국가권력의 투쟁, 여러 계급의 투쟁, 여러 개인의 투쟁이다."

"자신을 벌레로 만드는 사람은 나중에 그가 짓밟힌다고 불평할 수가 없다"[27]라는 칸트의 말을 인용하면서 예링은 자신의 권리가 모욕적으로 무시당하고 짓밟힌 경우에 자신의 권리를 주장하지 않는 사람에 대해 개탄했다. 그리고 법과 권리가 부당하게 침해당하면 적법 투쟁을 통해 법과 권리를 보존해야 한다고 역설하고, 그런 투쟁의 결과가 법의 생성이라고 보았다.

예링에 따르면 "법과 권리는 단순한 생각이 아니라, 살아 있는 힘이다. 그러므로 정의의 여신은 한 손에 법과 권리를 가늠하는 저울을 들고, 다른 한 손에 법과 권리를 실행하기 위한 칼을 쥐고 있다. 저울이 없는 칼은 발가벗은 폭력에 불과하고, 칼이 없는 저울은 무기력할 뿐이다. 저울과 칼은 표리일체다. 법과 권리의 완전한 상태란, 정의의 여신이 칼을 사용하는 힘과 저울을 다루는 재주가 균형을 이루는 경우에만 나타난다."

이어 예링은 법과 권리를 위한 개인의 투쟁을 설명하면서 특히 소송중독증이 아니라 인격을 침해하는 불법에만 투쟁이 필요하고 이는 자신에 대한 의무이자 사회에 대한 의무임을 강조했다. 투쟁은 이해타산에서 출발해, 인격을 위해 그리고 정의 이념의 실현을 위해 향하는 것으로, 사법을 위한 투쟁이 헌법과 국제법을 위한 투쟁으로 나아간다고 보았다. 따라서 사법이 정치교육의 학교라고 주장했다.

그런데 19세기 말 당시 독일 보통법은 권리감각과 유리되어 오로지 물질주의에 근거하고 권리감각을 도외시하고 있었는데, 예링은 이 점을 비판했다. 로마법은 초기, 중기, 말기로 변화했는데, 독

---

27 임마누엘 칸트, 백종현 옮김,《윤리형이상학》, 아카넷, 2012, 539쪽.

일 보통법은 로마법을 아는 학자들에 의해 도입되어 이론에 계속 종속되는 미성숙 단계에 빠지고 국민은 그 법을 이해하지 못한다고 개탄했다. 이러한 예링의 비판은 마찬가지로 외국법 이론 연구 중심의 학설이 지배하는 한국에도 적용될 수 있다. 나아가 우리나라의 소송투쟁은 예링이 말하는 투쟁과 거리가 멀다는 점도 주목할 필요가 있다.

예링은 이 책에서 권리는 국가가 부여한다고 여긴다. 즉 국가 이전의 자연권이나 천부인권 같은 주장에 예링은 따르지 않는다. 이 점과 관련해, 특히 현대의 인권 중에서 자유권이 국가로부터의 자유를 본질로 한다는 점을 예링은 부인하는 것이 아닌지 의문을 제기할 수도 있다. 이에 대해서는 여러 가지 검토가 필요하지만, 실제로는 국가가 권리를 부여한다고 보는 전제하에서도 그 국가를 법치국가로 만들기 위해서는 국민 각자가 자기의 정당한 권리를 적극적으로 행사해야 한다는 점, 그리고 이를 위한 여러 제도를 국가가 정비해야 한다는 점도 지금 우리에게 역시 중요할 것이다.

또 하나, 예링이 본문에서 "권리의 문제를 이익문제와 혼동하는 물질주의인 사고방식을 정당하다고 인정할 수 없게 된다"고 한 점은 이 책을 읽는 한국의 독자들이 특히 주의해야 할 점이라고 생각한다. 왜냐하면 우리 사회에는 19세기 말의 독일 사회를 물질주의라고 비판한 예링의 우려보다도 더 심각한 물질주의가 만연하고 있기 때문이다.

6. 예링의 정치적 입장

예링과 비스마르크

예링이 교수로 지낸 반세기는 독일의 격동기였다. 그 중심에는 1871년, 독일을 통일한 빌헬름 1세와 비스마르크 수상이 있었다. 예링은 두 사람을 특히 존경했다. 비스마르크의 숭배자인 예링은 괴팅겐대학교 법학부의 학부장으로서 1885년 비스마르크의 70세 생일을 맞아 그에게 명예법학 박사 학위를 수여했다. 당연히 그 대가로 예링은 비스마르크와의 친교를 기대했지만[28] 수상을 지낸 비스마르크가 예링을 의식했을 리는 없다.

예링은 마르크스만이 아니라 비스마르크와도 동시대인이었다. 비스마르크는 1815년에 태어나 1898년에 사망했다. 비스마르크

---

28 예링은 당시 비스마르크 자택을 방문한 기록을 남겼다. Rudolf von Jhering, 'Drei Stunden im Hause des Fürsten von Bismarck,' in Heinrich von Poschinger, *Bismarck und Jhering*, 1908.

는 예링보다 5년 앞선 1832년에 괴팅겐대학교를 다녔다. 그 30년 뒤 비스마르크는 독일 수상이 되어 유명한 철혈정책을 전개했고, 1870년 프랑스와 전쟁을 일으켜(보불전쟁) 이듬해 승리한 뒤 독일을 통일했다. 1871년 독일이 통일되었을 때 예링은 빈대학교 교수였고, 그 이듬해 그는 〈법과 권리를 위한 투쟁〉이라는 제목의 강연을 하고 괴팅겐대학교로 옮겨갔다. 그 강연에도 보불전쟁의 승리를 축하는 마음이 뚜렷이 표출되었다.

예링의 정치적 입장을 군주제에 반대하는 자유주의나 공화주의로 보는 견해[29]가 있지만, 이는 그의 청장년 시절의 이야기이고, 적어도 그가 53세가 된 뒤에는 그들을 찬양했으니 군주주의자까지는 아니더라도 독일 민족주의에 기울었다는 점을 부정할 수는 없다. 《법과 권리를 의한 투쟁》에서도 그런 면모를 읽을 수 있다.

1872년 비스마르크는 가톨릭교도를 억압하고 이어 1878년에는 유명한 사회주의자 진압법을 만들었다. 동시에 비스마르크는 사고·질병·양로보험·정년제도 등의 사회복지정책을 추진해 독일이 정부가 시민의 복지를 책임지는 복지국가가 되도록 토대를 마련했다. 이러한 정책에 대해 예링이 찬성했다거나 반대했다는 것을 확인하기 어렵지만 대체로 찬성했을 것으로 짐작된다.

---

29 윤철홍, 앞의 책, 137쪽. 이는 예링을 "강렬한 자유정신의 소유자"라고 하는 그 견해가 인용하는, 예링이 비스마르크에게 보낸 편지에서 스스로 군주주의자라고 한 것은 물론 그가 비스마르크와 빌헬름 1세를 존경했다는 점(같은 책, 137쪽)과 모순된다.

예링은 비스마르크의 신봉자였음을 앞에서 보았지만, 만년에는 《법에서의 목적》을 중심으로 국가권력의 무제한적 활동에 대해 사회적 관점으로부터 제한할 필요성을, 빌헬름 폰 훔볼트Wilhelm von Humboldt의 국가 활동 제한론과 존 스튜어트 밀의《자유론On Liberty》으로부터 도출하고자 시도했다.[30] 그러나 그는 두 사람의 자연법적이고 개인주의적인 견해를 배척하고 개인적인 특수 이익과 사회적인 공동 이익의 연대를 시민사회의 본질로 보고, 그러한 여러 이익의 연대를 목적으로 하는 것을 법과 권력의 과제로 삼았다. 그런 기본 사상으로부터 예링은 토지소유권에 대해 개인주의적 소유권을 배척하고 사회적 소유권을 주장했다.

예링은 국가를 사업 수행 주체가 사적 개인으로부터 차차 확대된 것으로 보았다. 교육과 구빈사업의 역사적 발전이 사적 사업과 단체 사업을 거쳐 국가사업으로 전개되듯이 사회적 목적의 역사적 발전 단계를 개인-단체-국가의 단계로 구분했다.[31] 그에 따르면 국가는 "인간 목적을 위해 위력을 이용하는 종국적인 형식"이고 따라서 "강제 위력의 사회적 조직"이며, 사회 업무를 보수에 따라 달성하는 기타 조직과 달리, 법과 같은 강제적 형식을 취해 달성한다. 따라서 국가는 "통제되고 조직된 강제 위력의 구체적인 것으로서의

---

30 Rudolf von Jhering, *Der Zweck im Recht*, Bd. 1, 1893, 536쪽 이하.
31 같은 책, 370쪽 이하.

사회"다.

예링에 따르면 국가 활동의 한계는 "1인의 자유가 타인의 자유를 침해하지 않는", "동물원의 우리와 같은 자유의 한계"에 비교된다. 그는 개인적 자유의 제한에 관해 노동자의 건강과 안전, 아편 수입 금지, 전염병 유행국으로부터의 가축 수입 금지와 같은 사례를 검토한 뒤에 "인간의 이익을 위해" 행해져야 한다고 주장했다. 그리고 이러한 일반적인 검토와 아울러 대독일주의자인 예링은 통일 이전의 분립된 독일 영방에서 프로이센만이 우수한 조직을 통해 다른 소국을 능가할 수 있다고 보았다.

그러나 만년의 예링은 비스마르크주의에서 멀어져 사회민주주의를 긍정했다. 그는 19세기 말의 사회민주주의는 아직 요람기에 있지만, 사회민주당이 더욱 커진다면 자본주의에 대한 극단적인 대항 수단이 독일에서 대자본을 추방하고 대자본의 상공업을 타도한다는 것을 고려해야 한다고 주장했다. 그러나 이는 폭력혁명이 아니라 점진적 개혁을 통해서만 달성할 수 있고, 자본주의의 타도보다는 노동자 계급의 사회적 조건을 고양함으로써 가능하다고 했다.

예링과 나치

예링의 저술에는 나치즘과 통하는 부분이 있었다. 가령 그의 유저인 《인도유럽인 전사(前史) *Vorgeschichte der Indoeuropäer*》(1894)는 다윈의 진화론에서 말하는 자연도태설에 따라 유럽 여러 민족의 기원을 분석한 책이다. 그 책에서 예링은 인도유럽인의 출발지인 슬라브 지역, 즉 우크라이나 주변에서 이동할 수 없었던 민족은 열등한 민족이고, 반대로 장기간에 걸친 민족이동 끝에 자연스럽게 도태된 최량의 부분을 가지고 원격지까지 도달한 게르만 민족을 위시한 여러 유럽 민족은 우수한 민족이라고 주장했다.

그러나 이 책을 부정적으로만 평가할 수는 없다. 이 책은 인도유럽어족 기원의 문제를 고대 로마법과 습속 및 전설 등을 현실주의적으로 분석해 해명한 것이었다. 그에 따르면 역사의 초기에는 성문법이 없었으나, 당시의 가족생활과 사회생활을 살펴보면 법에 관한 관념이 존재했음을 알 수 있다. 예링이 인도유럽어족의 기원을 남러시아에서 구한 것은 최근 김부타스[32]가 밝힌 것과도 유사하다. 특히 예링은 그 연구를 하면서 언어고고학과 언어고생물학 등의 새로운 영역을 개척했다. 그리고 그 책과 별도로, 법제사 서술의 과제와 방법에 관한 서론과 로마의 가족제도와 가장권에 관한 논문들은 유작인 《로마법 진화사Entwicklungsgeschichte der römischen Recht》(1894)에 실렸다.

예링은 나치에 이용되기도 했다. 베를린대학교 인종법 담당교수인 팔크 루케Falk Ruttke는 《인종·법·민족—— 인종법이론 논문집Rasse, Recht und Volk. Beiträge zur rassengesetzlichen Rechtslehre》(1937)에 예링의 가계도를 첨부하고, 거기에 "게르만 인종에 적합한 법은

---

32 Marija Gimbutas, Die Indoeuropäer : Archäologische Probleme, in Anton Scherer 편, *Die Urheimat der Indogermanen*, 1968.

게르만 인종에 적합한 법률가를 통해서만 실현될 수 있다"라고 썼다. 이는 14세대에 걸친 181명 중 97명이 법률가이고, 남자 129명 중 79명(75.2%)이 변호사와 행정관이었던 예링의 가계가 음악가 바흐, 로마법학자 사비니, 상법학자 티텔만 등의 가계와 함께 명문가라는 것이었다. 나치 유전학자인 빌헬름 베버Wilhelm Weber는 〈법률가의 정신적 천분과 그 유전Die Geistige Anlage zum Rechtswahrer und ihre Vererbung〉(1942)이라는 논문에서 예링의 가문만이 아니라 그 인척들까지 대상으로 해 유전 현상을 조사했다. 1892년에 죽은 예링을 나치와 연관 짓기란 무리이지만, 예링이 1930년대까지 살아 있었더라면 서로 연관되었을지도 모른다.

7.   예링에 대한 평가와 영향

앞에서도 언급했지만 예링은 체계적인 사고를 하는 사람이 아니어서 체계적 사상이라는 측면에서 볼 수 있는 결함이나 한계는 분명하다. 목적과 이익에 대한 그의 법이론에 대해서도 이미 많은 비판이 제기되어 왔다. 가령 법의 본질을 목적으로 보는 법목적설의 경우, 그 목적을 누가 어떻게 정할 것이냐에 대해 예링은 아무런 답도 하지 않았다. 그 결정 주체는 국가인가, 지배자인가, 사회인가, 개인인가? 어떤 목적이 상정된다면, 특정한 수단만이 허용될 것인가? 개인과의 관계에서는 이타주의보다도 이기주의를 장려해야 하는가? 어떤 경우에 보수라는 지렛대가 강제라는 지렛대에 우선하는가? 또한 권리의 본질을 이익으로 보는 이익설의 경우, 법이 보호해야 할 이익을 선택하기 위한 객관적인 표지는 전혀 제시되지 못했다.

예링은 언제나 생활의 필요나 요구라는 것을 말하지만, 다양한 생활의 목적을 선택해 행하기 위한 무오류의 지침을 그는 제시하지 못했다. 그의 사상 자체가 이기주의와 이타주의, 이상주의와 현실주의, 벤담류의 공리주의와 사회적 공리주의, 국가주의와 국제주의, 힘에 대한 동경과 법에 대한 존경 등 서로 모순되는 것들의 갈등이었다.

그러나 다른 독일 사상가들과 달리 예링이 체계적이지 못하고 상대주의적이라고 하는 점이 그의 영향력을 더욱 강화한 요인이 되었을지도 모른다. 우리말 번역도 있는《세계 철학사》[33]의 저자로 유명한 한스 요아힘 슈퇴리히Hans Joachim Storig는 그의《세계 학문사》(1954)에서 다음과 같이 말했다.

> 예링 사상의 영향은 강력했다. 많은 번역이나 외국 학자들을 통해 그 영향은 문화세계 전체에 보급되었다. 현대법사상이 사회주의적인 실증주의로 전향한 것은 예링 이후의 일이다. (…) 예링이 목적 사상, 실제적인 법학, 이익법학으로 전향한 것은 법학의 지체를 방지하고 법학을 현대적 방향으로 나아가게 했다. (…) 예링은 법학을 개념 천국으로부터 지상으로 끌어내렸다. 법학은 완전히 현세의 것이 되었다.[34]

그러나 예링이 법학을 개념 천국에서 지상으로 끌어내려 법학을 완전히 현세의 것이 되도록 한 것은 그만의 공적이 아니었다. 그것

---

33 원저는 *Kleine Weltgeschichte der Philosophie*, Fischer, 1961이고 번역서는 임석진 옮김,《세계철학사》, 분도출판사, 1976이다.

34 Hans Jochaim Störig, *Kleine Weltgeschichte der Wissenschaft*, Stuttgart, 1954, S. 628ff.

은 19세기 독일만이 아니라 법학을 비롯한 전 세계의 모든 학문이, 물리학, 화학, 생물학 등의 현대 과학의 발달에 따라 과거의 칸트나 헤겔과 같은 사변적인 관념론 철학을 통한 세계에 대한 주관적 이해를 포기하고, 실증 가능한 객관적인 세계 해석을 요구한 것에 기인한 것이었다. 즉 사비니의 역사법학, 빈트샤이트Bernhard Windscheid 의 판데크텐 법학, 푸흐타의 법 개념 계보학이 자연과학의 이론에 대응하는 힘을 상실했을 때, 예링을 선두로 한 법학을 위한 투쟁이 전개되었다.

그 다양한 모습인 에른스트 푹스Ernst Fuchs의 자유법운동, 오이겐 에를리히Eugen Ehrlich의 '살아 있는 법'을 중심으로 한 법사회학운동, 이익형량을 중시하는 헌법학이나 필리프 폰 헤크Philipp von Heck의 이익법학, 북유럽이나 미국의 리얼리즘법학 등, 19세기 말 20세기 초의 모든 새로운 법학은 예링으로부터 비롯되었다.[35]

자유법운동은 논리적인 영역의 과정으로 법이 창조되는 것이 아니라, 법규 자체는 환상이고 직관적인 판단에 논리적인 가면을 덮어씌운 것에 불과하므로, 그러한 법규에서 재판관을 해방시켜 그 사회적 직관에 근거해 자유롭게 판결을 할 수 있다고 주장했다. 자

---

35 나아가 니체 철학, 파울젠Friedrich Paulsen 윤리학, 퇴니스Ferdinand Tönnies, 베버, 마르크스의 사회학은 물론 레비스트로스Claude Lévi-Strauss, 엘리아스Norbert Elias 에게도 영향을 미쳤으나, 이 글에서는 법학적 영향에 대해서만 언급한다. 현대 범죄학에서 범죄보다 범죄인을 강조하는 점은 예링의 견해와 일치한다. 또 그는 리스트Franz von Liszt(1851~1919)의 목적적 형법학과 실증주의적 형사학의 형성에 도 기여했다.

유법운동의 지도자인 푹스는 '판테크텐교와 비밀사회학'에 대한 법학적 문화투쟁을 벌였다. 한편 에를리히는 예링보다 더 철저하게 법학방법론의 논리가 갖는 지위를 구명하고, '살아 있는 법'을 만들 필요가 있음을 역설했다.

이익법학Interessenjurisprudenz은 반드시 자유법운동과 일치하지 않았다. 그러나 재판관이 제정법의 형식 논리적인 적용만으로는 적정한 재판을 할 수 없고, 사회 속의 여러 이익을 통찰하고 그 조화로운 해결에 관해 입법자가 정한 방침을 이해하고서 재판을 해야 적절한 재판을 할 수 있다고 본 점에서는 자유법운동과 일치했다. 또한 예링이 이익을 강조한 점에서 상관습이 주목받게 되었고, 사례연구의 시작에도 예링이 자극제가 되었다. 나아가 마르크스주의자들은 계급이익을 증진할 필요를 지적하는 데 예링을 이용했다.

한편 프랑스에서 예링은 비스마르크를 숭배하고 보불전쟁을 정당화했다는 이유에서 제국주의와 권력정치의 사도라는 비판을 받았다. 프랑스 법학자들은 예링을 '냉혹한 법학자'라 부르고 그의 업적을 '법적 강탈행위'라고 비판했으나 제도나 구체적 질서에 대한 강조는 예링의 영향을 받은 것이었다.

독일의 법상태와 유사한 법상태를 가진 미국에서도 예링의 영향은 컸다. 즉 독일에서 로마법 계수를 비판하면서도 통일국가의 필요에 적응시키려고 노력했듯이, 미국에서도 영국의 코먼로common-law를 민주주의 국가의 필요에 적응시키려고 노력했다. 독일에서 역사학파를 극복해야 했듯이 미국에서도 자연권사상을 극복해야 했다. 독일처럼 미국에서도 법률 개념의 횡포는 심해서 계약의 자유나 적정 절차와 같은 추상적인 헌법 개념의 논리적 분석으로 현실의 개선을 불가능하게 만들었다. 이에 대한 선구적인 반항자들이었던 연방대법원의 홈즈Oliver Wendell Holmes와 브랜다이스Louis Dembitz Brandeis 대법관들은 예링의 영향을 받았다. 가령 브랜다이스의 《타인의 돈Other Peoples' Money》이라는 책의 제목은 예링의 《법에서의 목적》에서 따온 것이었다. 특히 계약의 자유와 회사의 폐해에 대한 예링의 비판이 대법원 판결에 상당한 영향을 끼쳤다.

그 뒤에 전개된 미국의 사회학적 법학에도 예링의 영향은 절대적이었다. 그것을 대표한 하버드 로스쿨의 학장이었던 로스코 파운드Roscoe Pound는 '책의 법law in books'과 대조되는 '행동하는 법law in action'을 주장했다. 파운드의 《코먼로의 정신The Spirit of The Common Law》은 예링의 《로마법의 정신》을 그 제목부터 모방한 것이었다. 그러나 예링과 달리 파운드는 법률 개념이나 법기술에 대해 보수적이었기 때문에 그것에 반발하는 리얼리즘법학이 생겨났다. 그들은 법규나 법률 개념의 효용을 회의하고, 재판관이나 법률가가 행한 목적을 의식한 법적 활동이나 미국법 제도의 행정적 요소를 강조한 점에서 예링과 일치했다. 특히 각종 행정위원회는 전통적인 법원과 달리, 특정한 사회적 목적의 달성을 위해 새로운 법률 활동을 전개했다.

8.   맺음말

앞에서도 소개한 비아커는《근대사법사*Privatrechtsgeschichte der
Neuzeit unter besonderer Berücksichtigung der deutschen Entwicklung*》라는
방대한 저서로 유명하지만 불행히도 그 책은 우리나라에 번역되
지 못했고, 비아커에 대한 소개나 독일 근대사법에 대한 연구도 우
리나라에서는 거의 볼 수 없다. 법학자 중에는 민법을 비롯한 사법
을 전공한 사람들이 가장 많고, 그중에는 독일 사법을 공부하거나
독일에 유학한 사람들이 가장 많지만 그들 대부분은 수험법학용의
민법 해석론에 급급하거나 민법 교과서류의 간행에 열심이어서 비
아커 같은 연구자와는 인연이 없는 듯이 보인다.

  여하튼 근대사법의 연구자인 비아커는 당연히 예링에게 큰 관
심을 쏟았다. 그가 처음 쓴 예링에 대한 논문은 1942년, 예링 서거
50주년을 기념한 것이었다. 이어 1952년에 예링을 상당 부분 다룬
《근대사법사》 초판을 낸 뒤 1959년에《위대한 독일인들*Die Großen
Deutschen*》 5권에 예링 편을 썼다. 그리고 1973년 카를 라렌츠Karl
Larenz 70세 기념논문집에 〈예링과 '다윈주의'Jhering und 'Darwinismus'〉

를 발표했다. 그 글에서 비아커는 19세기 독일 법학자 중에서 다윈주의의 영향을 받은 사람은 예링이 유일했고, 그 때문에 그는 판데크텐 법학의 전제였던 칸트, 셸링, 헤겔 등의 철학적 전제로부터 벗어나 법형성과 법학의 사회적 조건과 역사적 제도의 비교유형학을 이룩할 수 있었다고 지적했다.

비아커는 헤겔이 역사를 이성의 자기 전개로 본 것과 달리, 예링은《로마법의 정신》마지막에서 역사를 경험적이고 인과적인 것의 산물로 보았고, 법학이 사변적인 것으로부터 경험과학으로 전환하는 것이 필연적이라고 보았다고 평가했다. 비아커는 그 증거로 예링이 강단사회주의자인 아돌프 바그너Adolf Heinrich Wagner 의《강단경제학과 사회주의Die akademische Nationalökonomie und der Socialismus》(1895)를 세 번이나 인용했음을 들었다. 그리고 비아커는 예링을 개인주의자이자 사회주의자라고 평가하면서 예링이《법에서의 목적》1권에서 사회를 위한 개인의 구체적 권리의 제한, 특히 소유권의 의무를 강조해 현대적인 복지국가 이념을 선구적으로 보여주었고, 무제한적인 국가 활동을 사회적 입장에서 제한해야 한다고 주장한 점에서 위대한 사상가였다고 평가했다.

나는 비아커의 평가에 반드시 동의하지 않지만, 예링이 위에서 본 모든 20세기 법학의 새로운 전개에 자극을 주었음은 분명하다고 생각한다. 예링은 법학에서 사회 현실의 인식이 중요함을 강조했다. 이를 위해 법철학, 법사회학, 법사학, 비교법학과 같은 기초법 분야는 물론, 사회학, 경제학, 정치학, 심리학 등등의 인문사회과학에 대한 지식이 법률가와 법학자들에게 요구되었다. 21세기에 들어와 한국에서 전통적인 암기식 수험 중심의 법학이 아니라 학제적 방법을 통한 사회 현실의 인식과 사회개혁의 일환으로 로스쿨이 도입되었지만, 예링이 비판한 기계법학의 폐단은 여전하다고 보지 않을 수 없다. 물론 예링이 개념법학에 대해 비판한 바는 한국의 수험법학 내지 보수법학에 그대로 적용하기에는 사실 너무나도 고급일지 모르지만, 그런 천박한 현실을 극복하기 위해서라도 예링의 《법과 권리를 위한 투쟁》을 읽을 필요가 있다.

옮긴이 박홍규

오사카 시립대학에서 법학박사 학위를 받았다. 하버드대학교 로스쿨, 노팅엄대학교 법학부, 프랑크푸르트대학교 법학부의 객원교수를 지내고 영남대학교, 경북대학교, 오사카대학, 고베대학, 리츠메이칸대학 등에서 강의했다. 지은 책으로는 《노동법》 《한국과 ILO》 《사법의 민주화》 등이 있으며, 옮긴 책으로는 《법과 사회》 《저주받으리라, 법률가여》 《자유론》 《인간의 전환》 《오리엔탈리즘》 《문화와 제국주의》 《신의 나라는 네 안에 있다》 등이 있다. 《법은 무죄인가》로 백상출판문화상을 받았다.

법과 권리를 위한 투쟁

제 1 판 1쇄 발행	2022년 4월 1일
지은이	루돌프 폰 예링
옮긴이	박홍규
펴낸곳	(주)문예출판사
펴낸이	전준배
출판등록	2004.02.12. 제 2013-000360호
	(1966.12.2. 제 1-134호)
주소	03992 서울시 마포구 월드컵북로 6길 30
전화	393-5681
팩스	393-5685
홈페이지	www.moonye.com
블로그	blog.naver.com/imoonye
페이스북	www.facebook.com/moonyepublishing
이메일	info@moonye.com
ISBN	978-89-310-2265-0 03360

잘못 만든 책은 구입하신 서점에서 바꿔드립니다.

ꕔ 문예출판사 ®   상표등록 제 40-0833187호, 제 41-0200044호